DEN ULTIMATA BRIOCHE HANDBOKEN

Bemästra konsten att baka perfekt brioche varje gång

Hugo Fredriksson

Copyright Material ©2024

Alla rättigheter förbehållna

Ingen del av denna bok får användas eller överföras i någon form eller på något sätt utan korrekt skriftligt medgivande från utgivaren och upphovsrättsinnehavaren, förutom korta citat som används i en recension. Den här boken bör inte betraktas som en ersättning för medicinsk, juridisk eller annan professionell rådgivning.

INNEHÅLLSFÖRTECKNING

INNEHÅLLSFÖRTECKNING 3
INTRODUKTION 6
KLASSISK BRIOCH 7
    1. Flätad brioche 8
    2. Surdegsbrioche _ 10
    3. Briochebullar i miniatyr..12
CHOKLADBRIOSCH 15
    4. Kakao Brioche morgonbullar..16
    5. Klassisk chokladbrioche..20
    6. Choklad Brioche Babka 23
    7. Dubbel Choklad Brioche Bröd 26
    8. Glutenfri Brioche au Chocolat...29
    9. Choklad Brioche Chinois 32
KRYDDA BRIOSCH 35
    10. Vanilj brioche...36
    11. Kanel brioche 39
    12. Chile peppar brioche..42
    13. Kryddad Brioche med Buckthorn Curd 45
    14. Kryddade Brioche Hot Cross Bullar 47
    15. Chai kryddad briochelimpa 50
    16. Socker Och Kryddor Brioche 53
    17. Gurkmeja kryddade briochebullar 56
    18. Kanel Sugar Swirl Brioche 59
    19. Muskot russin brioche rullar 61
    20. Kardemumma Orange Twist Brioche 63
    21. Pepparkakor Briochelimpa..65
    22. Pumpkin Spice Brioche Knots 67
    23. Chai Spiced Brioche Swirls...69
    24. Äppelcider brioche muffins 71
    25. Vanilj Kardemumma Brioche Krans 73
REGIONAL BRIOSCH 75
    26. Klassisk fransk brioche...76
    27. En merikansk brioche 79
    28. Swiss Chocolate Chip Brioche 81
    29. Provensalsk citron-lavendelbrioche 84
    30. Southern Cinnamon-Pecan Brioche 87
    31. Skandinavisk kardemumma-orange brioche 90
    32. Alsace Kugelhopf Brioche 93
    33. Provensalska Fougasse Brioche 95
    34. Svensk Saffran Brioche Lussekatter 97
    35. Italiensk Panettone Brioche 99

36. Japansk Matcha Melonpan Brioche 101
37. Marockansk apelsinblomma brioche 103
38. Indisk kardemumma och saffransbrioche 105
39. Mexikansk kanelchokladbrioche 107
FRUKTBRIOSCH 109
40. Frukt och nötter brioche 110
41. Brioche vaniljsåsbullar med stenad frukt och basilika 112
42. Choklad Passionsfrukt Brioche Bullar 115
43. Kanderad frukt- och valnötsbriotekrans 118
44. Blåbär Citron Brioche 121
45. Hallon Mandel Brioche Rolls 123
46. Peach Vanilla Brioche Twist 125
47. Strawberry Cream Cheese Brioche Braid 127
48. Cherry Mandel Brioche Swirls 129
49. Mango Coconut Brioche Rolls 131
50. Blackberry Lemon Cheesecake Brioche 133
51. Citrus Kiwi Brioche Krans 135
VEGGIE BRIOSCH 137
52. Brioches de pommes de terre 138
53. Spenat och fetaostfyllda briocherullar 140
54. Rostad röd paprika och getost Briochetårta 142
55. Svamp- och schweizisk ostbriochefläta 144
56. Zucchini och Parmesan Brioche Focaccia 146
57. Soltorkad tomat och basilika briocherullar 148
58. Broccoli och cheddarfyllda briochebullar 150
59. Karamelliserad lök och Gruyère Briochetårta 152
60. Kronärtskocka och Pesto Brioche Pinwheels 154
OSTBRIOCH 156
61. Ostbrioche 157
62. Ost Päron Brioche 159
63. Soltorkad tomat och mozzarella brioche 161
64. Parmesan och vitlök briocheknutar 163
65. Bacon och Cheddar fylld brioche 165
66. Jalapeño och Pepper Jack Brioche Rolls 167
67. Gouda och örtbrioche 169
68. Blåmögelost och valnötsbrioche 171
NÖTTIG BRIOSCH 173
69. Söt brioche med russin och mandel 174
70. Nötig Pecan Caramel Brioche 177
71. Mandel- och honungsbriochrullar 179
72. Valnöt och lönnsirap Brioche Knots 181
73. Hasselnöt Chocolate Chip Brioche Swirls 183
74. Cashew och apelsinzest Brioche 185

75. Pistage- och hallonsylt Briocheknutar 187
76. Macadamianötter och kokosnötsbriocher 189
77. Hasselnöt och Espresso Glaze Brioche 191

BLOMMA BRIOSCH 193
78. Lavendel majsmjöl brioche 194
79. Lavendel honung brioche 196
80. Rosenblad och Kardemumma Brioche Knots 198
81. Apelsinblommor och pistagebriocher virvlar runt 200
82. Kamomill och citronskal brioche 202
83. Jasminte och persikabriocherullar 204
84. Hibiscus och Berry Brioche Knots 206
85. Violett och citronbroche virvlar 208
86. Fläder och blåbär brioche 210

CHALLAH BRIOSCH 212
87. Brödmaskin Challah 213
88. Majonnäs Challah 215
89. Sexflätad Challah 217
90. Oljefri Challah 220
91. Russin Challah 222
92. Mjuk Challah 224
93. Surdegs Challah 227
94. Nyårs Challah 230
95. Uppstoppad Challah 233
96. Söta Challah 235
97. Mycket smörig Challah 238
98. Vatten Challah 240
99. Choklad Swirl Challah 242
100. Salta ört och ost Challah 244

SLUTSATS 246

INTRODUKTION

Ge dig ut på en resa in i briochens ljuvliga värld med "DEN ULTIMATA BRIOCHE HANDBOKEN", din omfattande guide för att bemästra konsten att baka perfekt brioche varje gång. Den här kokboken är en hyllning till de rika, smöriga och ömma läckerheter som definierar detta ikoniska franska bakverk. Med sakkunnigt utformade recept och steg-för-steg-vägledning är det dags att höja dina bakkunskaper och njuta av nöjet att skapa himmelska briocher i ditt eget kök.

Föreställ dig doften av nybakad brioche som fyller ditt hem, den gyllene skorpan ger vika för en mjuk och luftig inredning. "DEN ULTIMATA BRIOCHE HANDBOKEN" är mer än bara en samling recept; det är din biljett till att bli en briocheaficionado, behärska teknikerna och förstå nyanserna i detta klassiska bakverk. Oavsett om du är en erfaren bagare eller en nybörjare i köket, är dessa recept noggrant utformade för att guida dig på en utsökt resa genom briochevärlden.

Från traditionella briochelimpor till innovativa vändningar och härliga varianter, varje recept är ett bevis på den mångsidighet och överseende som brioche erbjuder. Oavsett om du drömmer om en lugn helgfrukost, en elegant brunch eller ett härligt afternoon tea, har denna handbok dig täckt.

Följ med oss när vi avmystifierar konsten att baka brioche, utforskar vetenskapen bakom den perfekta riset, magin med att laminera smör i degen och glädjen att skapa ett bakverk som är både ett kulinariskt under och ett bevis på din bakfärdighet. Så, förvärm dina ugnar, damma av dina kavel och låt oss dyka in i "DEN ULTIMATA BRIOCHE HANDBOKEN" för en resa med perfekt bakning och ren överseende.

KLASSISK BRIOCH

1. Flätad brioche

INGREDIENSER:
- ⅓ kopp vatten
- 2 stora ägg
- 2 stora äggulor
- ¼ pund smör eller margarin
- 2½ kopp universalmjöl
- 3 matskedar socker
- ½ tsk salt
- 1 pack Aktiv torrjäst

INSTRUKTIONER:
a) Lägg ingredienserna till brödmaskinen enligt tillverkarens anvisningar.
b) Välj söt- eller degcykel. 3. I slutet av cykeln, skrapa degen på en bräda lätt belagd med universalmjöl. Dela degen i 3 lika stora bitar. Om du gör en 1½-pund limpa, rulla varje bit för att bilda ett rep som är cirka 12 tum långt.
c) För en 2-pund limpa, rulla varje bit för att bilda ett rep som är cirka 14 tum långt. Lägg rep parallellt med cirka 1 tums mellanrum på en smörad 14 x 17-tums bakplåt.
d) Nyp ihop repen i ena änden, fläta löst, nyp sedan ihop flätändan.
e) Täck bröden lätt med plastfolie och låt stå på en varm plats tills den är pösigt, ca 35 minuter. Ta bort plastfolien.
f) Vispa 1 stor äggula för att blanda med 1 msk vatten. Pensla flätan med äggblandning.
g) Baka flätan i en 350 F ugn tills den är gyllenbrun, cirka 30 minuter. Kyl på galler minst 15 minuter innan du skär upp. Servera varmt, varmt eller svalt.

2.Surdegsbrioche

INGREDIENSER:
- 3½ uns. (100 g) vetesurdegsförrätt
- 3½ koppar (450 g) vetemjöl
- ⅔ kopp (75 ml) mjölk, rumstemperatur 5¼ teskedar (15 g) färsk jäst
- 5 ägg
- ⅔ kopp (75 g) socker
- 1½ matskedar (25 g) salt
- 1½ kopp (350 g) osaltat smör, mjukat
- 1 ägg att borsta

INSTRUKTIONER:
a) Blanda surdegen med hälften av vetemjölet, mjölken och jästen. Låt blandningen jäsa i ca 2 timmar.
b) Tillsätt alla ingredienser utom smöret och blanda väl. Tillsätt sedan smöret lite i taget — cirka ¼ kopp (50 g) åt gången. Knåda väl.
c) Täck med en duk och låt degen jäsa i ca 30 minuter.
d) Forma till tjugo små släta bullar. Lägg dem i muffinsformar och låt jäsa tills de har blivit dubbelt så stora. Pensla bullarna med ägget.
e) Grädda briochen vid 400°F (210°C) i cirka 10 minuter.

3.Briochebullar i miniatyr

INGREDIENSER:
FÖRRÄTT:
- 1 kopp (140 g) glutenfritt brödmjöl
- 2⅔ teskedar (8 g) Instant Yeast
- 1 matsked (12 g) socker
- ½ kopp mjölk, skållad och kyld till 95°F
- ¼ kopp plus 2 matskedar varmt vatten (ca 95°F)

DEG:
- 3 koppar (420 g) glutenfritt brödmjöl
- 1 tesked (6 g) koshersalt
- 1½ msk honung
- 3 stora ägg, i rumstemperatur, vispade
- 11 matskedar (154 g) osaltat smör, i rumstemperatur
- Äggtvätt (1 stort ägg, i rumstemperatur, vispat med 1 msk mjölk)

INSTRUKTIONER:
TILL FÖRSÖRJEN:
a) I en medelstor skål, vispa ihop startingredienserna tills de är väl kombinerade. Blandningen blir tjock och formlös.
b) Täck skålen och ställ den åt sidan på en varm, dragfri plats för att jäsa tills den fördubblats, vilket tar cirka 40 minuter.
c) Till degen:
d) När förrätten har fördubblats i storlek gör du degen. Häll mjöl och salt i skålen på din stavmixer och vispa så att det blandas väl.
e) Tillsätt honung, ägg, smör och den jästa förrätten i skålen. Blanda på låg hastighet med degkroken tills det blandas.
f) Öka mixerhastigheten till medel och knåda i ca 5 minuter. Degen blir klibbig men ska vara smidig och stretchig.
g) Spraya lätt en silikonspatel med matoljespray och skrapa ner skålens sidor.
h) Lägg över degen till en lätt oljad skål eller jäshink som är tillräckligt stor för att degen ska bli dubbelt så stor. Täck den med en oljad bit plastfolie (eller den oljade toppen till din jäshink).
i) Ställ degen i kylen i minst 12 timmar och upp till 5 dagar.

PÅ BAKINGSDAGEN:

j) Smörj sexton miniatyrbriocherformar eller vanliga muffinsformar väl och ställ dem åt sidan på en kantad bakplåt.

k) Vänd ut degen på en lätt mjölad yta och knåda tills den är slät.

l) Dela degen i sexton lika stora bitar genom att gradvis halvera den. Forma varje del till en runda, gör en bit något mindre än den andra. Lägg den mindre rundan ovanpå den större i varje form, tryck lätt för att få dem att fästa.

m) Täck formarna på bakplåten med oljad plastfolie och ställ dem på ett varmt, dragfritt ställe för att jäsa tills de blivit dubbelt så stora (ca 1 timme).

n) Värm ugnen till 350°F cirka 25 minuter innan degen har jäst klart.

o) När bullarna har fördubblats i storlek, ta bort plastfolien, pensla topparna generöst med äggtvätt och placera bakplåten i mitten av den förvärmda ugnen.

p) Grädda bullarna i cirka 15 minuter, eller tills de är lätt gyllenbruna, och registrera 185 ° F i mitten på en direktavläst termometer.

q) Låt bullarna svalna en kort stund innan servering. Njut av dina miniatyrbriocher!

CHOKLADBRIOSCH

4. Kakao Brioche morgonbullar

INGREDIENSER:
BEFORDRAN
- 1⅓ koppar (160 g) universalmjöl
- 1¼ koppar helmjölk
- 1 msk. snabbjäst

DEG
- 1 stort ägg
- 1¾ koppar helmjölk
- 1 msk. snabbjäst
- ⅔ kopp (133 g) strösocker
- ½ kopp (42 g) osötat kakaopulver
- 1 msk. plus 1 tsk. kosher salt
- 5½ koppar (687 g) universalmjöl, plus mer för ytan
- 2 msk. osaltat smör, rumstemperatur, plus 2¼ koppar (4¼ pinnar) osaltat smör, svalt men inte kallt

FYLLNING OCH MONTERING
- Osaltat smör, rumstemperatur, för panna
- Råsocker, till panna
- ⅓ kopp (förpackad, 66 g) mörkt farinsocker
- 1 msk. mald kanel
- 1 tsk. kosher salt
- ⅓ kopp (66 g) strösocker, plus mer för att kasta
- 3 oz. mörk choklad, delad i små bitar
- 1 stort ägg

INSTRUKTIONER:
BEFORDRAN
a) Blanda mjöl, mjölk och jäst i skålen med en stavmixer tills den blandas (blandningen blir tunn, som en smet). Låt jäsa utan lock på en varm plats tills den fördubblats i storlek, ca 1 timme.

DEG
b) Tillsätt ägg, mjölk och jäst för att förjäsa och anslut till en stående mixer. Montera med degkrok och vispa på låg hastighet tills det blandas.
c) Tillsätt strösocker, kakaopulver, salt, 5½ koppar (687 g) universalmjöl och 2 msk. rumstempererat smör; blanda på låg hastighet tills en smidig deg bildas. Överför degen till en stor

skål, täck med en fuktig kökshandduk och låt jäsa på en varm plats tills den är dubbelt så stor, ca 1 timme.

d) Blanda under tiden 2¼ koppar (4¼ pinnar) kallt smör i den rena skålen i en stavmixer med paddelfäste på låg hastighet tills det är slätt och bredbart men fortfarande kallt. Vänd ut på en plåt med bakplåtspapper och forma smör till en liten rektangel med en förskjuten spatel. Täck med ett annat ark bakplåtspapper och kavla ut smör till en 16x12" rektangel. Kyl smör tills degen är klar (du vill hålla smöret svalt men formbart; låt det inte bli för fast).

e) Vänd ut degen på en generöst mjölad arbetsyta och rulla till en 24x12" rektangel; placera den med kortsidan mot dig. Avtäck smöret och lägg ovanpå degen, rada den längs med kanten och täck de nedre två tredjedelarna av degen.

f) Vik den övre tredjedelen av degen upp och över smör, vik sedan nedre tredjedelen uppåt och över (som en bokstav). Kavla snabbt men försiktigt ut degen igen till en 24x12" rektangel, mjöla arbetsytan och kavel efter behov för att undvika att fastna. (Om degen någon gång blir för klibbig att hantera eller smöret börjar smälta, kyl i kylen i 20 minuter och låt det stelna innan du fortsätter.)

g) Vik degen i tredjedelar igen, linda in i vaxpapper eller plast och kyl i 1 timme.

h) Ta ut degen från kylen och upprepa rullning och vikning enligt ovan, en gång till. Skär den vikta degen i 3 lika stora rektanglar och slå in var och en tätt i plast. Kyl tills den ska användas.

i) Gör i förväg: Degen kan göras 1 dag i förväg. Förvaras kylt eller frys upp till 2 månader.

FYLLNING OCH MONTERING

j) När du är redo att baka bullar, smör generöst kopparna i en 6-kopps jumbo muffinsform; strö över varje kopp generöst med råsocker. Blanda ihop farinsocker, kanel, salt och ⅓ kopp (66 g) strösocker i en liten skål.

k) Arbeta med 1 degbit, packa upp och rulla till en 12x6" rektangel ungefär ¾" tjock. Skär i sex 6x2" rektanglar. Börja ¼" från toppen av en kortsida, skär 2 längsgående slitsar i en rektangel av deg för att skapa 3 lika stora strängar. Fläta strängar och strö rikligt över farinsockerblandningen. Lägg 2 eller 3 små chokladbitar på flätan och spiral, stapla upp på sig själv. Lägg bullen med flätsidan uppåt i den förberedda muffinsformen. Upprepa med de återstående 5 rektanglarna. Du kommer att vilja använda en tredjedel av farinsockerblandningen och en tredjedel av chokladen, och reservera den återstående farinsockerblandningen och chokladen för de återstående 2 degbitarna.

l) Värm ugnen till 375°. Täck bullarna löst med en kökshandduk eller plastfolie och låt jäsa tills de är lite mindre än dubbelt så stora, ca 30 minuter. (Alternativt, låt bullarna jäsa i kylen över natten och grädda på morgonen. Om bullarna inte har jäst märkbart i kylen, låt stå i rumstemperatur 30–60 minuter innan de gräddas.)

m) Vispa ägg och 2 tsk. vatten i en liten skål. Pensla topparna på bullarna med äggtvätt och grädda tills topparna är puffade och har fått ett knaprigt yttre lager, ca 35 minuter. (Oformade bullar ska låta något ihåliga när man knackar på dem.) Låt svalna i pannan i 2 minuter, lyft sedan försiktigt upp ur formen och överför till ett galler. Låt stå tills bullarna är tillräckligt svala för att kunna hanteras.

n) Häll lite strösocker i en medelstor skål. Arbeta en i taget, släng bullarna i socker och sätt tillbaka dem på gallret. Låt svalna helt.

o) Upprepa med resterande degbitar, eller spara resterande kanelblandning och chokladbitar separat i lufttäta behållare vid rumstemperatur tills den är redo att baka resterande deg.

5.Klassisk chokladbrioche

INGREDIENSER:
FÖR BRIOSCHDEGEN:
- 2 3/4 koppar (330 g) universalmjöl
- 1 1/2 tsk (4 g) snabbjäst
- 3 matskedar (29 g) strösocker
- 1 1/4 (7 g) teskedar salt
- 4 stora (200 g) ägg, lätt vispade i rumstemperatur
- 1/4 kopp (57 g) helmjölk, vid rumstemperatur
- 10 matskedar (140 g) osaltat smör, i rumstemperatur
- Äggtvätt

FÖR CHOKLADFYLLNING:
- 4 oz (113 g) osaltat smör, vid rumstemperatur
- 1/4 kopp (50 g) strösocker
- 1/3 kopp (40 g) kakaopulver
- 1 matsked (21 g) honung
- 1/4 tesked (1,4 g) salt

INSTRUKTIONER:
FÖR BRIOCHEN:
a) Blanda mjöl, jäst, socker och salt i skålen med en stavmixer. Tillsätt ägg och mjölk. Blanda på medelhastighet i 5 minuter.
b) Skrapa ner sidorna, tillsätt mjöl om det är klibbigt och fortsätt att blanda. Upprepa denna process två gånger till.
c) Med mixern på låg, tillsätt hälften av smöret och blanda. Skrapa ner och tillsätt resten av smöret. Mixa tills det är elastiskt och blankt.
d) Lägg över degen i en mjölad skål, täck över och låt den jäsa i 1-2 timmar. Tryck ut gaser och ställ i kyl över natten.

TILL CHOKLADFYLLNINGEN:
e) Använd en mixer och vispa mjukt smör tills det blir krämigt. Tillsätt socker och vispa tills det är fluffigt. Blanda i kakaopulver, honung och salt tills det är blandat.

ATT BYGGA IHOP:
f) Dela degen i fyra bitar. Kavla ut en bit till en 7" x 12" rektangel.
g) Bred ut en fjärdedel av fyllningen, lämna en 1/2" kant. Rulla tätt till en stock. Upprepa med andra bitar.
h) Frys stockarna i 5 minuter. Skär på mitten på längden, lämna toppen oskuren. Fläta degen.
i) Pensla med vatten, forma till en cirkel och nyp ändarna. Upprepa med återstående deg.
j) Bevis i 1 timme. Värm ugnen till 350°F/177°C.
k) Pensla med äggtvätt och grädda tills de är gyllenbruna, 20-25 minuter.

6. Choklad Brioche Babka

INGREDIENSER:
DEG:
- 4 1/4 koppar (530 gram) universalmjöl, plus extra för damning
- 1/2 kopp (100 gram) strösocker
- 2 tsk snabbjäst
- Rivet skal av en halv apelsin
- 3 stora ägg (lätt uppvispade)
- 1/2 kopp vatten (kallt och extra om det behövs)
- 3/4 tsk fint havs- eller bordssalt
- 2/3 kopp osaltat smör (150 gram eller 5,3 ounces), vid rumstemperatur
- Solros eller annan neutral olja, för att smörja skålen

FYLLNING:
- 4 1/2 uns (130 gram) god mörk choklad (eller cirka 3/4 kopp mörk chokladchips)
- 1/2 kopp (120 gram) osaltat smör
- Knappt 1/2 kopp (50 gram) strösocker
- 1/3 kopp (30 gram) kakaopulver
- Nypa salt
- 1/4 tsk kanel (valfritt)

SIRP FÖR GLASERING:
- 1/4 kopp vatten
- 4 matskedar strösocker

INSTRUKTIONER:
GÖR DEGEN:
a) Blanda mjöl, socker och jäst i skålen med din stavmixer.
b) Tillsätt ägg, 1/2 kopp vatten och apelsinskal. Blanda med degkroken tills det går ihop. Tillsätt extra vatten om det behövs.
c) Med mixern på låg, tillsätt salt och sedan smöret gradvis. Blanda på medelhastighet i 10 minuter tills det är slätt.
d) Täck en stor skål med olja, lägg degen inuti, täck med plastfolie och ställ i kylen minst en halv dag, gärna över natten.

GÖR FYLLNING:
e) Smält smör och choklad tillsammans tills det är slätt. Rör i strösocker, kakaopulver, salt och kanel om så önskas.
f) Ställ åt sidan för att svalna.

SAMLA BLIPP:
g) Kavla ut hälften av degen på en lätt mjölad bänk till en 10-tums bredd.
h) Fördela hälften av chokladblandningen över degen, lämna en 1/2-tums kant. Rulla degen till en stock, förslut den fuktade änden.
i) Upprepa processen med den andra halvan av degen.
j) Klipp ändarna, halvera varje stock på längden och lägg dem bredvid varandra på bänken. Vrid ihop dem.
k) Överför varje twist i förberedda brödformar. Täck och låt jäsa i 1 till 1 1/2 timme i rumstemperatur.

GAKA OCH FÄRDIG BÖPEN:
l) Värm ugnen till 375°F (190°C). Grädda i 25-30 minuter, kontrollera om de är klara.
m) Gör den enkla sirapen genom att sjuda socker och vatten tills det löst sig. Pensla sirapen över babkas så fort de lämnar ugnen.
n) Svalna halvvägs i pannan och överför sedan till ett galler för att avsluta kylningen.
o) Babkas håller några dagar i rumstemperatur eller kan frysas för längre förvaring.

7.Dubbel Choklad Brioche Bröd

INGREDIENSER:
CHOKLADBRIOCHDEG:
- 2 1/2 koppar universalmjöl
- 1/3 kopp osötat kakaopulver
- 1/4 kopp strösocker
- 2 1/4 teskedar aktiv jäst (1 paket)
- 1 tsk salt
- 3/4 kopp helmjölk
- 1 stort ägg
- 4 matskedar smör

CHOKLADFYLLNING:
- 4 msk smör, rumstemperatur
- 1/3 kopp farinsocker, packad
- 1 matsked osötat kakaopulver
- 1 tsk espressopulver
- 2 uns mörk choklad, finhackad

ÖVRIG:
- 2 msk smör, mjukat (för förberedelse av brödform)
- 1 matsked strösocker (för brödform)

INSTRUKTIONER:
a) I en stor skål, kombinera 4 matskedar smör och 3/4 kopp helmjölk. Värm tills smöret är helt smält.
b) Låt smöret och mjölken svalna till mellan 100-110 grader. Tillsätt 1/4 kopp strösocker och 1 paket aktiv torrjäst. Låt stå i cirka 10 minuter tills jästen är bubblig och skummande.
c) Vispa ner 1 ägg i skålen.
d) Sikta 2 1/2 koppar universalmjöl, 1/3 kopp osötat kakaopulver och 1 tesked salt i skålen. Blanda tills en deg börjar bildas.
e) Lägg över degen på en mjölad yta och knåda i ca 5 minuter.
f) Lägg över degen i en stor lätt smord glasskål. Täck ordentligt med plastfolie och låt vila i 60-90 minuter eller tills den har dubbelt så stor storlek.
g) Rulla degen till en stor rektangel. Bred ut 4 matskedar mjukt smör över hela ytan.
h) I en liten skål, kombinera 1/3 kopp farinsocker, 1 matsked osötat kakaopulver och 1 tesked espressopulver. Strö

blandningen över hela ytan och tillsätt sedan 2 uns finhackad mörk choklad.
i) Rulla degen hårt som en kanelrulle och nyp ihop skarven för att täta. Lägg den kavlade degen på längden, med skarven nedåt.
j) Skär den kavlade degen på mitten och fläta den.
k) Förbered en 9"x5" brödform genom att täcka hela insidan med 2 matskedar mjukt smör och strö över 1 matsked strösocker.
l) Överför det flätade brödet i den förberedda pannan, stoppa ändarna under. Täck med plastfolie och låt vila på en varm plats i 45 minuter.
m) Värm ugnen till 350 grader. När degen har jäst, grädda i 25-28 minuter tills toppen känns stel och fast vid beröring.
n) Flytta brödformen till ett galler i 10 minuter och överför sedan brödet direkt till gallret för att svalna helt. Njut av din dubbla chokladbrioche!

8.Glutenfri Brioche au Chocolat

INGREDIENSER:
SÖT DEG:
- 1¾ koppar (245g) Kims glutenfria brödmjölblandning
- ½ kopp (100 g) strösocker
- 1 tsk bakpulver
- 1 msk plus ¾ tesked (12g) snabbjäst
- 1 msk (5 g) hela psylliumskal (eller 1½ tsk psylliumskalpulver)
- ½ tsk kosher salt
- ¾ kopp (180 ml) helmjölk
- 6 msk (85 g) smör, mycket mjukt eller smält
- 1 stort ägg i rumstemperatur

KONTIGKRÄM:
- ½ kopp (120 ml) helmjölk
- ½ kopp (120 ml) tjock grädde
- 3 stora äggulor
- ¼ kopp (50 g) strösocker
- 2 msk (15 g) majsstärkelse
- 1 tsk vaniljextrakt, vaniljstångspasta eller 1 vaniljstång, skrapade frön
- 1 msk smör, mjukat

HOPSÄTTNING:
- 4 oz (113 g) halvsöt eller mörk choklad, grovt hackad
- ¼-½ tesked mald kanel, valfritt

INSTRUKTIONER:
GÖR DEGEN:
a) Kombinera alla ingredienser i en stor mixerskål och vispa eller knåda i 5 minuter tills det är väl blandat.
b) Låt degen jäsa till dubbel storlek, 1-2 timmar. Kyl degen i minst 6 timmar, gärna över natten.

GÖR KONTIGKRÄM:
c) Värm helmjölk och grädde tills det sjuder. Vispa äggulor, socker, majsstärkelse och vanilj tills det blir tjockt och bandlikt.
d) Häll långsamt lite av mjölkblandningen i ägguleblandningen, vispa kraftigt. Tillsätt resten av mjölken långsamt.

e) Häll tillbaka blandningen i kastrullen och vispa hela tiden tills den tjocknar.
f) Ta av från värmen, vispa i smör och vanilj. Kyl med plastfolie vidrör krämen.

SÅ HÄR MONTERAR DU RULLAR:

g) Knåda degen kort på en väl mjölad yta tills den är slät.
h) Rulla till en 10x14-tums rektangel cirka ¼ tum tjock.
i) Bred avsvalnade konditorivaror över degen. Strö över hackad choklad och kanel (om så önskas).
j) Rulla tätt, gelérullestil. Sträck stocken lite längre från mitten.
k) Skär i 8 lika stora bitar. Om den är för kladdig, frys in i 10 minuter.
l) Lägg rullarna i en ugnsform, täck över och låt jäsa tills de fördubblats, 30 minuter till en timme.
m) Värm ugnen till 350°F.
n) Ta bort plastfolien och grädda i ca 30 minuter eller tills den är gyllenbrun.
o) Servera varm. Njut av din glutenfria brioche au chocolat!

9. Choklad Brioche Chinois

INGREDIENSER:
FÖR BRIOSCHDEGEN:
- 375 g mjöl
- 8 g salt
- 40 g socker
- 15g färsk bagerijäst
- 4 hela ägg i rumstemperatur
- 190 g osaltat smör, mjukat
- 2 matskedar vatten, varmt

FÖR FYLLNING:
- 300 g vaniljcrème pâtissière
- 3cl mörk rom
- 150g mörk chokladchips

FÖR AVSLUTNING:
- 1 äggula (för glasyr)
- Florsocker

INSTRUKTIONER:
GÖR BRIOSCHDEG:
a) Kombinera mjöl, socker och salt i mixerbehållaren.
b) Späd jästen i varmt vatten och ställ åt sidan.
c) Lägg ägg i mitten av mjölet och knåda med degkroken tills en deg bildats.
d) Tillsätt resterande ägg och knåda tills degen är slät.
e) Tillsätt mjukat smör och utspädd jäst, knåda tills det är slätt.
f) Låt degen jäsa tills den är dubbelt så stor (1,5 till 2 timmar).
g) Kyl degen i minst 6 timmar, gärna över natten.

GÖR KONTIGKRÄM:
h) Värm helmjölk och grädde tills det sjuder.
i) Vispa äggulor, socker, majsstärkelse och vanilj tills det blir tjockt.
j) Häll långsamt lite av mjölkblandningen i äggeblandningen, vispa kraftigt.
k) Häll tillbaka blandningen i kastrullen, vispa hela tiden tills den tjocknar.
l) Vispa i smör och vanilj, kyl sedan med plastfolie vidrör grädden.

MONTERA BRIOSCH:
m) Dela degen i två delar, den ena väger 200 gram och den andra ca 600 gram.
n) Kavla ut den mindre delen till botten av en rund kakform.
o) Kavla ut den större delen till en rektangel och bred ut konditorivaror, chokladchips och rulla sedan ihop.
p) Skär rullen i 7 lika stora delar och placera dem i kakformen.
q) Låt jäsa tills rullarna fyller formen.
r) Glasera ytan med äggtvätt och grädda i 180°C i ca 25 minuter.
s) Strö över florsocker när den svalnat.

KRYDDA BRIOSCH

10.Vanilj brioche

INGREDIENSER:
- 3 kuvert aktiv torrjäst
- ½ kopp varm mjölk (ca 110 grader)
- 1 vaniljstång, delad
- 5 koppar mjöl
- 6 ägg
- ½ kopp varmt vatten (110 grader)
- 3 matskedar socker
- 2 tsk salt
- 3 pinnar plus 2 matskedar
- Smör, rumstemperatur
- 1 Äggula, vispad

INSTRUKTIONER:
a) Värm ugnen till 400 grader F. Kombinera jästen och mjölken i en liten skål och rör om för att lösa upp jästen.
b) Tillsätt 1 dl mjöl och blanda för att blanda väl. Använd en kniv, skrapa vaniljstången och rör ner fruktköttet i jästblandningen.
c) Låt stå i rumstemperatur på en varm, dragfri plats i cirka 2 timmar för att tillåta jäsning.
d) Häll 2 koppar av mjölet i en stor blandningsskål. Tillsätt 4 av äggen, ett i taget, vispa ner ordentligt i mjölet med en träslev vid varje tillsats. Degen blir klibbig, tjock och svampig.
e) Tillsätt vatten, socker och salt och blanda väl, vispa kraftigt. Tillsätt 3 stavar av smöret och arbeta in det i degen med händerna tills det är väl blandat Tillsätt de återstående 2 äggen och blanda väl in i degen. Tillsätt de återstående 2 kopparna mjöl och blanda i degen, bryt upp eventuella klumpar med fingrarna. Tillsätt jästblandningen.
f) Använd händerna, knåda och vik ner förrätten i degen. Fortsätt att knåda och vika tills allt är väl blandat, ca 5 minuter. Degen blir klibbig och fuktig. Täck med en ren trasa och låt jäsa på en varm, dragfri plats tills den fördubblats i storlek, ca 2 timmar.
g) För att göra bröd, smör lätt två 9x5x3-tums brödformar med de återstående 2 msk smör. För att göra rullar, smör 12 muffinskoppar i standardstorlek. Slå lätt ner degen med fingrarna. Dela degen i 2 lika stora delar och lägg i formarna.

h) För semlor, dela degen i 12 lika stora delar och lägg i muffinsformarna. Pensla topparna med äggula. Täck över och låt jäsa på en varm, dragfri plats tills den fördubblats i storlek, ca 1 timme.
i) Grädda bröden i 25 till 30 minuter och rullarna i 20 minuter, eller tills de är gyllenbruna. Ta ut formarna från ugnen och svalna på galler. Vänd ut bröden eller rullarna ur formarna och svalna helt på galler.

11. Kanel brioche

INGREDIENSER:
- 1 pack Torrjäst
- 1 matsked socker
- ¼ kopp varm mjölk
- 2 koppar mjöl
- 1 tsk salt
- ¼ kopp fryst smör, skuret i bitar
- 2 ägg
- 2 msk smält smör
- 2 msk socker blandat med
- 2 tsk kanel

INSTRUKTIONER:

a) Strö russin över till exempel kanelsockret. Eller strö den utkavlade degen med chokladchips vik den på samma sätt så får du en fin pain au chocolat. Eller bred ut degen med någon form av fruktsylt ... ni fattar.

b) Blanda jäst, socker och mjölk i en liten skål. Lägg åt sidan för att bevisa.

c) I matberedare kombinera mjöl, salt och smör och pulsera för att skära i smöret fint. Tillsätt jästblandningen och pulsa igen, tillsätt sedan ägg och bearbeta tills degen samlas i boll som kommer rent bort från sidorna av arbetsskålen och åker runt ovanpå bladet. Bearbeta 1 minut. Ta sedan bort bollen till lätt mjölat bord och knåda 1-2 minuter tills den är slät.

d) Forma degen till en slät boll och lägg i en lätt oljad skål, vänd så att den täcker bollens alla sidor. Täck löst med plastfolie. Ställ åt sidan på en varm plats för att jäsa tills den fördubblats i bulk, cirka 1½ till 2 timmar.

e) Alternativt, lägg den knådade degbollen i en lätt försluten plastmatpåse och ställ i kylen över natten. Degen kommer att jäsa långsamt i plastmatpåse och behöver bara bringas till rumstemperatur innan den kavlas ut.

f) När den jäst, slå ner degen och platta ut den till en rektangel. Kavla ut till ½" tjockt på lätt mjölat bord. Om degen är fyrkantig, skär den på mitten. Pensla den övre ytan med smält smör och strö över kanelsocker. Vik långsidan av degen rektangel ⅔ långt över degen.

g) Vik återstående ⅓ av deg som i bokstaven. Pensla toppen med smör och strö över kanelsocker igen. Skär i 2" breda sektioner, överför till osmord bakplåt. Låt jäsa igen tills det är pösigt, 15-20 minuter.

h) Grädda vid 350'F. 20-30 minuter, tills den är ljusbrun.

12.Chile peppar brioche

INGREDIENSER:
- 3½ kopp universalmjöl
- 1 pack Aktiv torrjäst
- ½ tsk Malen torkad röd chili
- 1 msk ljummet vatten
- 1½ msk socker
- 1½ tesked salt
- ½ tesked Nymalen svartpeppar
- ¼ kopp röd paprika; mald, hackad, rostad & skalad, i rumstemperatur
- ½ pund osaltat mjukat smör; skär i små bitar, plus
- 2 matskedar osaltat mjukat smör
- ⅓ kopp Malet; rostade och färska skalade poblano chili i rumstemperatur
- 5 ägg i rumstemperatur
- 2 matskedar Mjölk

INSTRUKTIONER:
a) Kombinera mjöl, socker, jäst, salt, mald chili och svartpeppar i skålen med en elektrisk mixer med paddelfäste; slå bra. Blanda kort på låg hastighet. Öka hastigheten till medel och tillsätt vatten, mjölk, poblano chili och paprika; slå bra.
b) Tillsätt äggen, ett i taget, blanda väl efter varje tillsats. Byt till degkroken och knåda i tre minuter.
c) Degen blir väldigt kladdig. Tillsätt smöret i degen, en bit i taget, och fortsätt att knåda tills degen är slät och blank och smöret är helt införlivat, 10-20 minuter. Överför degen till en lätt smörad skål och vänd degen så att den täcker den jämnt med smör.
d) Täck skålen med plastfolie och låt degen jäsa på en varm plats tills den har fördubblats i bulk, cirka tre timmar. Stansa ner degen och vänd ut den på en lätt mjölad yta.
e) Med kraftigt mjölade händer knåda i fem minuter. Återgå till en smörad skål och vänd degen så att den täcker jämnt; täck och kyl degen i minst sex timmar eller över natten i kylen.
f) Ta ut degen ur kylen och forma den kalla degen till två små bröd.

g) Placera i två smörade 4x9 tums brödformar, täck med en kökshandduk och låt jäsa på en varm plats tills degen fyller brödformarna och inte springer tillbaka när den trycks försiktigt, ungefär en timme. Värm ugnen till 375 grader.
h) Grädda bröden i mitten av ugnen tills de är gyllene och låter ihåliga när man knackar på dem, ca 30 minuter.
i) Ta ut bröden från ugnen och vänd ut dem på galler för att svalna.

13. Kryddad Brioche med Buckthorn Curd

INGREDIENSER:
- 1/2 briochelimpa
- 125 g strösocker
- 25g mald kardemumma
- 20 g mald kanel
- 5 g mald muskotnöt
- 2 msk rapsolja
- Havtornsmassa:
- 35 ml havtornsjuice
- 185 g strösocker
- 1 ägg
- 55 g saltat smör
- 10 g majsmjöl

INSTRUKTIONER:
a) Brant havtornsjuice med 100g socker i 30 minuter.
b) Kombinera havtornsblandningen i en kall panna med de återstående ingredienserna, vispa på medelvärme i 6 minuter.
c) Ta av från värmen, vispa ytterligare en minut.
d) Se till att temperaturen är mellan 80-85°C och kyl med locket på för att förhindra att ett skinn bildas.
e) Värm ugnen till 180°C/gasmarkering 4.
f) Skiva briochelimpan och skär ut 8 tärningar på 4 x 4 cm vardera.
g) Blanda alla kryddade briocheingredienser (exklusive brioche) noggrant.
h) Stek briochetärningar i lite rapsolja tills de är gyllene på varje sida.
i) Rulla tärningarna i kryddsockerblandningen.
j) Lägg på en plåt och grädda i 10-15 minuter eller tills de fått färg.
k) Servera de varma kryddade briochekuberna med en liten skål med den beredda havtornsmassan för doppning.

14. Kryddade Brioche Hot Cross Bullar

INGREDIENSER:
DEG
- 600 g vanligt mjöl plus mer för knådning
- 75 g strösocker
- 1 tsk salt
- 7 g lättbakad snabbjäst
- 2 tsk mald kanel
- 1/2 tsk mald kryddpeppar
- 1/2 tsk mald ingefära
- 1/4 tsk mald muskotnöt
- 125 ml mjölk hel eller lätt skummad
- 4 stora ägg vispade
- 150 g sultan
- 175 g osaltat smör rumstemperatur
- 80 g blandat skal
- 2 apelsiner – skal

KORSA
- 100 g vanligt mjöl
- 90 ml vatten

GLASYR
- 2 msk strösocker
- 2 msk kokt vatten

INSTRUKTIONER:
FÖR DEGEN:
a) Häll mjöl, socker, salt, jäst och kryddor i en stor skål och blanda ihop med en silikonspatel tills det blandas. Gör sedan en brunn i mitten och häll i mjölk och uppvispade ägg. Blanda med spateln tills en grov deg bildas. Mjöla sedan din arbetsyta och ta bort degen från skålen, knåda i 5 minuter tills degen har en slät hud. Låt sedan vila i fem minuter.
b) Placera under tiden sultanerna i en liten värmesäker skål och täck med kokande vatten. Ställ sedan åt sidan.
c) Tillsätt smöret i degen, en matsked i taget, knåda allt eftersom så smöret är helt blandat. Du måste mjöla om din arbetsyta några gånger, eftersom degen blir väldigt klibbig. (Om du har en degskrapa hjälper den även till att manövrera degen.) Denna process bör ta cirka 10-15 minuter.

d) När allt smör har blandats, fortsätt att knåda degen i ytterligare 10 minuter tills degen är slät och smidig och inte längre kladdig.
e) Häll av sultanerna noggrant och blanda sedan i det blandade skalet och apelsinskalet. Platta sedan ut degen något och strö över frukten. Knåda ihop degen lite för att blanda frukten väl – degen blir lite blöt. Olja lätt en stor skål, lägg in degen och täck med hushållsfilm. Låt jäsa i minst en timme på en varm plats, tills degen har dubbelt så stor storlek.
f) Häll ut din jästa deg på en lätt mjölad arbetsyta och slå tillbaka lätt för att släppa ut luften. Dela sedan i 12 lika stora bitar och rulla till bollar. Lägg bollarna på en bakplåt med lite utrymme att växa. Låt sedan jäsa i 45 minuter på en varm plats tills den är uppblåst. Förvärm under tiden ugnen till 220C/200C Fläkt/Gas Mark 7.

FÖR KORSEN:
g) Medan bullarna jäser gör du pastan genom att blanda mjöl och vatten i en liten skål tills de är väl blandade. Lägg sedan i en spritspåse och skär av änden för att skapa ett medelstort hål.
h) När bullarna har visat sig, rör vertikala och horisontella linjer över varje bulle. Grädda sedan i 20 minuter tills den är gyllenbrun.

FÖR GLASYREN:
i) När bullarna nästan är färdigbakade, blanda ihop det kokande vattnet och sockret i en liten skål.
j) Ta ut bullarna ur ugnen och pensla sedan glasyren medan de fortfarande är heta med en konditoriborste.
k) Låt sedan svalna på ett galler.

15. Chai kryddad briochelimpa

INGREDIENSER:
FÖR BRIOCHEN:
- 250 ml (1 kopp) mjölk
- 1 1/2 msk lösbladschai-te
- 6 kardemummakapslar, blåmärken
- 1 kanelstång
- 2 stjärnanis
- 2 tsk fint rivet apelsinskal
- 7 g påse torkad jäst
- 70 g (1/3 kopp) råsocker
- 2 ägg
- 400 g (2 2/3 koppar) vanligt brödmjöl
- 100 g smör, i rumstemperatur, skuret i 1 cm bitar

FÖR FYLLNING:
- 150 g pistagenötter, lätt rostade
- 150 g smör, rumstemperatur
- 70 g (1/3 kopp) råsocker
- 55 g (1/4 kopp) fast packat farinsocker
- 80 g vanligt mjöl
- 2 tsk mald ingefära
- 2 tsk mald kanel
- 1/4 tsk mald kardemumma
- 1/4 tsk mald kryddnejlika
- 1 msk vallmofrön

FÖR GLASYREN:
- 2 msk råsocker
- 2 msk vatten
- 2 tsk lösbladschai-te

INSTRUKTIONER:
CHAI-INFUSERAD MJÖLK:
a) Blanda mjölk, chai-te, kardemumma, kanel, stjärnanis och apelsinskal i en kastrull.
b) Koka upp och låt sjuda i 2 minuter. Ställ åt sidan i 15 minuter för att infundera och svalna något. Sila genom en sil till en kanna.

JÄSTBLANDNING:
c) Vispa ner jäst och 1 msk socker i mjölkblandningen.

d) Låt det sitta i 10 minuter tills det skummar. Rör ner ägget.

BRIOSCHDEG:
e) Bearbeta mjöl och resterande socker tills det blandas.
f) Tillsätt mjölkblandningen och bearbeta tills degen precis går ihop.
g) Med motorn igång, tillsätt smör gradvis tills en mjuk, klibbig deg bildas.
h) Vänd upp degen på en mjölad yta, knåda tills den är slät och låt den jäsa i 1 timme tills den är dubbelt så stor.

FYLLNING:
i) Bearbeta pistagenötter tills de är finhackade.
j) Tillsätt smör, sockerarter, mjöl, ingefära, kanel, kardemumma och kryddnejlika. Bearbeta tills det blandas.

MONTERING OCH BEVISA:
k) Kavla ut degen till en 50 cm x 30 cm rektangel.
l) Bred ut fyllningen och strö över vallmofrön.
m) Rulla till en stock, skär i halvor på längden och kors och tvärs för en twisteffekt.
n) Lägg i en smord brödform, täck över och jäs i 45 minuter.

BAKNING:
o) Värm ugnen till 180C/160C fläkt.
p) Grädda i 55 minuter till 1 timme eller tills de är gyllene och ett spett kommer ut rent.

CHAI GLASUR:
q) I en kastrull, kombinera socker, vatten och chai-te. Sjud tills sockret löst sig och blandningen tjocknar något.
r) Pensla den varma limpan med chaiglasyren.
s) Låt den svalna något i pannan i 15 minuter innan den serveras varm.

16.Socker Och Kryddor Brioche

INGREDIENSER:
FÖR BRIOSCHDEGEN:
- 2 1/4 koppar (315 g) universalmjöl
- 2 1/4 koppar (340 g) brödmjöl
- 1 1/2 paket (3 1/4 tsk) aktiv torrjäst
- 1/2 kopp plus 1 msk (82 g) socker
- 1 msk salt
- 1/2 kopp (120g) kallt vatten
- 5 stora ägg
- 1 kopp plus 6 msk (2 3/4 pinnar/310g) osaltat smör vid rumstemperatur, skuren i cirka 12 bitar

FÖR TOPPEN:
- 1/2 kopp (100 g) socker
- 1/2 tsk mald kanel
- 1/4 tsk mald ingefära
- 1/4 tsk mald muskotnöt
- Nyp mald kryddnejlika
- Nypa salt
- 1/4 kopp (56 g) osaltat smör, smält

INSTRUKTIONER:
FÖR BRIOSCHDEGEN:
a) Blanda universalmjöl, brödmjöl, jäst, socker, salt, vatten och ägg i en ställmixer utrustad med degkroken.
b) Vispa på låg hastighet i 3 till 4 minuter tills ingredienserna kommer samman.
c) Fortsätt vispa på låg hastighet i ytterligare 3 till 4 minuter; degen blir stel och torr.
d) På låg hastighet, tillsätt smör en bit i taget, se till att varje bit är helt blandad innan du lägger till nästa.
e) Blanda på låg hastighet i cirka 10 minuter, då och då skrapa sidorna och botten av skålen.
f) Öka hastigheten till medel; vispa i 15 minuter tills degen är klibbig, mjuk och blank.
g) Öka hastigheten till medelhög; vispa i ca 1 minut tills degen har spänst.

h) Lägg degen i en stor oljad skål, täck med plastfolie och låt jäsa i kylen i minst 6 timmar eller över natten. Degen kan frysas vid denna tidpunkt i upp till 1 vecka.

FÖR BRIOCHEBULLAR:

i) Ta ut hälften av degen när du är redo att göra bullarna.
j) Klä 10 koppar av en 12-kopps standardmuffinsform med pappersfoder eller smör och mjöl generöst.
k) På en mjölad yta, tryck ut degen till en 10-tums x 5-tums rektangel.
l) Skär degen i 10 lika stora 1-tums x 5-tums remsor, skär sedan varje remsa i 5 bitar, vilket resulterar i 50 rutor.
m) Lägg 5 rutor i varje muffinskopp, täck med plastfolie och låt den jäsa på en varm plats i ca 1 1/2 timme tills den är pösigt och mjuk.
n) Värm ugnen till 350°F; grädda i 25 till 35 minuter tills de är gyllenbruna.
o) Låt bullarna svalna i 5 till 10 minuter på galler.

FÖR TOPPEN:

p) Blanda socker, kryddor och salt i en liten skål.
q) Pensla bullarnas toppar med smält smör och rulla i sockerblandningen så att de blir jämnt.
r) Bullar serveras bäst inom 4 timmar efter gräddning. De kan förvaras i en lufttät behållare i upp till 1 dag och sedan värmas upp i en 300°F ugn i 5 minuter.

17.Gurkmeja kryddade briochebullar

INGREDIENSER:
FÖR BRIOSCHDEGEN:
- 2 1/4 koppar (315 g) universalmjöl
- 2 1/4 koppar (340 g) brödmjöl
- 1 1/2 paket (3 1/4 tsk) aktiv torrjäst
- 1/2 kopp plus 1 msk (82 g) socker
- 1 msk salt
- 1/2 kopp (120g) kallt vatten
- 5 stora ägg
- 1 kopp plus 6 msk (2 3/4 pinnar/310g) osaltat smör vid rumstemperatur, skuren i cirka 12 bitar
- 1 1/2 tsk mald gurkmeja (för den levande färgen och subtila kryddan)

FÖR TOPPEN:
- 1/2 kopp (100 g) socker
- 1/2 tsk mald kanel
- 1/4 tsk mald ingefära
- 1/4 tsk mald muskotnöt
- Nyp mald kryddnejlika
- Nypa salt
- 1/4 kopp (56 g) osaltat smör, smält

INSTRUKTIONER:
FÖR BRIOSCHDEGEN:
a) Blanda universalmjöl, brödmjöl, jäst, socker, salt, vatten, ägg och malen gurkmeja i en ställmixer utrustad med degkroken.
b) Vispa på låg hastighet i 3 till 4 minuter tills ingredienserna kommer samman.
c) Fortsätt vispa på låg hastighet i ytterligare 3 till 4 minuter; degen blir stel och torr.
d) På låg hastighet, tillsätt smör en bit i taget, se till att varje bit är helt blandad innan du lägger till nästa.
e) Blanda på låg hastighet i cirka 10 minuter, då och då skrapa sidorna och botten av skålen.
f) Öka hastigheten till medel; vispa i 15 minuter tills degen är klibbig, mjuk och blank.
g) Öka hastigheten till medelhög; vispa i ca 1 minut tills degen har spänst.

h) Lägg degen i en stor oljad skål, täck med plastfolie och låt jäsa i kylen i minst 6 timmar eller över natten. Degen kan frysas vid denna tidpunkt i upp till 1 vecka.

FÖR BRIOCHEBULLAR:

i) Ta ut hälften av den gurkmejakryddade degen när du är redo att göra bullarna.
j) Klä 10 koppar av en 12-kopps standardmuffinsform med pappersfoder eller smör och mjöl generöst.
k) På en mjölad yta, tryck ut degen till en 10-tums x 5-tums rektangel.
l) Skär degen i 10 lika stora 1-tums x 5-tums remsor, skär sedan varje remsa i 5 bitar, vilket resulterar i 50 rutor.
m) Lägg 5 rutor i varje muffinskopp, täck med plastfolie och låt den jäsa på en varm plats i ca 1 1/2 timme tills den är pösigt och mjuk.
n) Värm ugnen till 350°F; grädda i 25 till 35 minuter tills de är gyllenbruna.
o) Låt bullarna svalna i 5 till 10 minuter på galler.
p) Blanda socker, kryddor och salt i en liten skål.
q) Pensla bullarnas toppar med smält smör och rulla i sockerblandningen så att de blir jämnt.

18. Kanel Sugar Swirl Brioche

INGREDIENSER:
- 3 1/4 koppar universalmjöl
- 1/4 kopp strösocker
- 1 tsk salt
- 1 paket aktiv torrjäst
- 1/2 kopp varm mjölk
- 3 stora ägg
- 1 kopp osaltat smör, mjukat
- 1/2 kopp farinsocker
- 2 msk mald kanel

INSTRUKTIONER:
a) I en skål, kombinera varm mjölk och jäst. Låt det sitta i 5 minuter tills det skummar.
b) Blanda mjöl, strösocker och salt i en stor skål. Tillsätt jästblandningen och äggen, knåda tills den är slät.
c) Tillsätt mjukat smör och knåda tills degen är elastisk.
d) Täck över och låt den jäsa till dubbel storlek.
e) Kavla ut degen, bred ut farinsocker och kanel och rulla den sedan till en stock.
f) Skär i bitar, lägg i en smord form och låt den jäsa igen.
g) Grädda i 350°F (175°C) i 25-30 minuter.

19. Muskot russin brioche rullar

INGREDIENSER:
- 4 dl brödmjöl
- 1/4 kopp socker
- 1 tsk salt
- 1 paket snabbjäst
- 1 kopp varm mjölk
- 3 stora ägg
- 1/2 kopp osaltat smör
- 1/2 kopp russin
- 1 tsk mald muskotnöt

INSTRUKTIONER:
a) Blanda mjöl, socker och salt i en skål.
b) Blanda varm mjölk, jäst och låt stå i 10 minuter.
c) Tillsätt ägg, mjukat smör, muskotnöt och russin till mjölblandningen.
d) Knåda tills den är slät, låt den jäsa tills den är dubbel.
e) Forma till rullar, lägg på plåt och låt jäsa igen.
f) Grädda i 375°F (190°C) i 20-25 minuter.

20. Kardemumma Orange Twist Brioche

INGREDIENSER:
- 3 1/2 koppar universalmjöl
- 1/4 kopp socker
- 1 tsk salt
- 1 paket aktiv torrjäst
- 1 kopp varm mjölk
- 3 stora ägg
- 1/2 kopp osaltat smör
- Skal av 1 apelsin
- 1 msk mald kardemumma

INSTRUKTIONER:
a) Blanda varm mjölk och jäst, låt det skumma.
b) Blanda mjöl, socker och salt. Tillsätt jästblandning, ägg, smör, kardemumma och apelsinskal. Knåda tills den är slät.
c) Låt den jäsa, dela och forma sedan degen.
d) Vrid varje bit och lägg i en smord form.
e) Låt jäsa igen och grädda sedan i 350°F (175°C) i 30 minuter.

21. Pepparkakor Briochelimpa

INGREDIENSER:
- 4 dl brödmjöl
- 1/3 kopp farinsocker
- 1 tsk salt
- 1 paket snabbjäst
- 1 kopp varm mjölk
- 3 stora ägg
- 1/2 kopp osaltat smör
- 1/4 kopp melass
- 1 msk mald ingefära
- 1 tsk mald kanel

INSTRUKTIONER:
a) Lös upp jästen i varm mjölk, låt stå i 5 minuter.
b) Blanda mjöl, farinsocker, salt, ingefära och kanel.
c) Tillsätt jästblandning, ägg, mjukt smör och melass. Knåda tills den är slät.
d) Låt jäsa, forma till en limpa och lägg i en smord form.
e) Låt jäsa igen och grädda sedan i 375°F (190°C) i 35-40 minuter.

22. Pumpkin Spice Brioche Knots

INGREDIENSER:
- 3 1/2 koppar universalmjöl
- 1/4 kopp socker
- 1 tsk salt
- 1 paket aktiv torrjäst
- 1/2 kopp varm mjölk
- 3 stora ägg
- 1/2 kopp osaltat smör, mjukat
- 1/2 kopp pumpapuré
- 1 tsk mald kanel
- 1/2 tsk mald muskotnöt

INSTRUKTIONER:
a) Blanda varm mjölk och jäst, låt jäsa.
b) Blanda mjöl, socker, salt, kanel och muskotnöt.
c) Tillsätt jästblandning, ägg, mjukt smör och pumpapuré. Knåda tills den är slät.
d) Låt jäsa, forma till knutar och lägg på en plåt.
e) Låt den jäsa igen och grädda sedan i 350°F (175°C) i 25-30 minuter.

23. Chai Spiced Brioche Swirls

INGREDIENSER:

- 4 dl brödmjöl
- 1/4 kopp socker
- 1 tsk salt
- 1 paket snabbjäst
- 1 kopp varmt chai-te (bryggt och kylt)
- 3 stora ägg
- 1/2 kopp osaltat smör, smält
- 1 msk mald kanel
- 1/2 tsk mald kardemumma

INSTRUKTIONER:

a) Brygg chai-te och låt det svalna. Blanda med jäst och låt stå i 10 minuter.
b) Blanda mjöl, socker, salt, kanel och kardemumma.
c) Tillsätt chaiblandningen, ägg och smält smör. Knåda tills den är slät.
d) Låt den jäsa, kavla ut och bred ut mer kanel och kardemumma.
e) Rulla till en stock, skär i virvlar, lägg i en panna och låt jäsa igen.
f) Grädda i 375°F (190°C) i 20-25 minuter.

24. Äppelcider brioche muffins

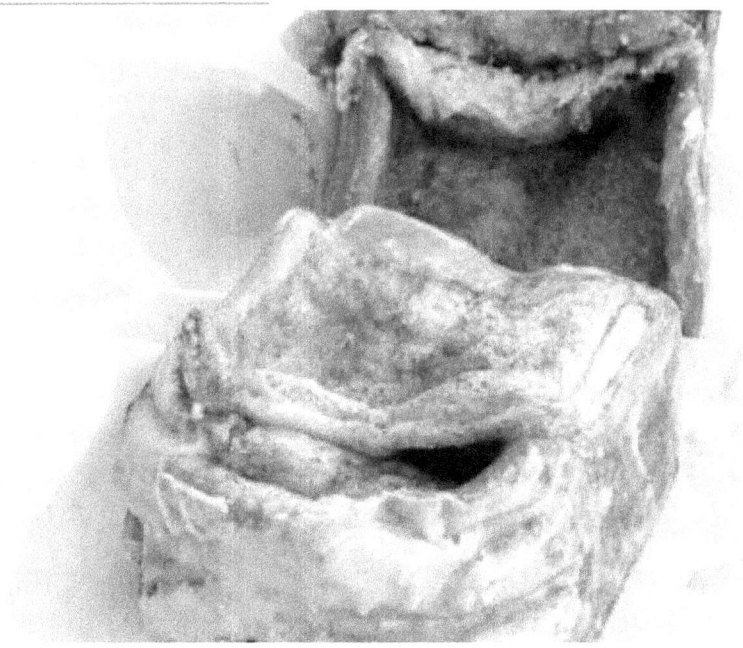

INGREDIENSER:
- 3 1/4 koppar universalmjöl
- 1/4 kopp socker
- 1 tsk salt
- 1 paket aktiv torrjäst
- 1/2 kopp varm äppelcider
- 3 stora ägg
- 1/2 kopp osaltat smör, mjukat
- 2 koppar tärnade äpplen (skalade)
- 1 tsk mald kanel

INSTRUKTIONER:
a) Blanda varm äppelcider och jäst, låt det skumma.
b) Blanda mjöl, socker, salt och kanel.
c) Tillsätt jästblandning, ägg, mjukt smör och tärnade äpplen. Knåda tills den är slät.
d) Låt jäsa, forma till muffins och lägg i muffinsformar.
e) Låt den jäsa igen och grädda sedan i 350°F (175°C) i 20-25 minuter.

25.Vanilj Kardemumma Brioche Krans

INGREDIENSER:
- 4 dl brödmjöl
- 1/3 kopp socker
- 1 tsk salt
- 1 paket snabbjäst
- 1 kopp varm mjölk
- 3 stora ägg
- 1/2 kopp osaltat smör, smält
- 1 msk vaniljextrakt
- 1 tsk mald kardemumma

INSTRUKTIONER:
a) Blanda varm mjölk och jäst, låt stå i 5 minuter.
b) Blanda mjöl, socker, salt och kardemumma.
c) Tillsätt jästblandning, ägg, smält smör och vaniljextrakt. Knåda tills den är slät.
d) Låt jäsa, kavla ut, forma till en krans och lägg på en plåt.
e) Låt jäsa igen och grädda sedan i 375°F (190°C) i 30-35 minuter.

REGIONAL BRIOSCH

26. Klassisk fransk brioche

INGREDIENSER:
- ¼ kopp helmjölk
- 2 tsk snabbjäst
- 4 stora ägg, delade
- 2⅔ koppar brödmjöl (eller T55 mjöl)
- 3 matskedar strösocker
- 2 tsk kosher salt
- ⅔ kopp osaltat smör, i rumstemperatur (65 till 70°F), plus mer för smörjning

INSTRUKTIONER:
a) Gör degen: I en medelstor skål, rör lätt ihop mjölk, jäst och 3 ägg. Tillsätt mjöl, socker och salt och rör om tills en ruggig deg går ihop. Vänd upp degen på en ren bänk och knåda i 6 till 8 minuter (eller överför till en stående mixer och knåda i 4 till 5 minuter på låg hastighet) tills den är slät.
b) Lägg tillbaka degen i bunken och blanda i smöret lite i taget, antingen för hand eller med degkroken, och fortsätt att knåda tills smöret är väl inkorporerat.
c) Täck med en handduk och ställ åt sidan i 1 till 1½ timme i rumstemperatur. Degen ska dubbel storlek. (Denna tidpunkt kommer att variera beroende på din kökstemperatur.)

FORM OCH BAKA:
d) För över skålen i kylen i minst 2 timmar innan den formas. Ju kallare degen är, desto lättare och mindre kladdig blir den att arbeta med.
e) När degen är kall, använd en bänkskrapa för att jämnt dela den i 6 lika delar, använd en våg om du har en.
f) Strö toppen av varje bit lätt med mjöl.
g) Platta försiktigt ut en degbit, använd sedan fingertopparna för att dra in degens kanter i mitten och nyp ihop för att forma den till en grov runda. Vänd runt. Kupa degen i handen och med hjälp av bänkens grepp, rotera varven mot bordet för att dra åt sömmen.
h) Pudra toppen med mjöl om det behövs för att förhindra att den fastnar på handen. Arbeta snabbt för att undvika att fettet värms upp för snabbt. Upprepa med de återstående varven.

i) Smörj en brödform med smör. Överför rundlarna till pannan med sömssidan nedåt och placera dem två och två. Täck med en handduk och ställ åt sidan i 1½ till 2 timmar, tills marshmallow-y i konsistensen och fördubblad i volym.
j) Efter 1 timmes jäsning, förvärm ugnen till 375°F.
k) Vispa det återstående 1 ägget med en skvätt vatten och pensla försiktigt denna glasyr över limpan.
l) Grädda i 30 till 35 minuter, tills limpan är gyllenbrun och en termometer insatt i mitten visar cirka 200 °F.
m) Vänd genast ut brödet på ett galler, vänd uppåt och låt det sitta i 15 till 20 minuter innan du skär upp det.

27.En merikansk brioche

INGREDIENSER:
- ½ kopp mjölk
- ½ kopp smör
- ⅓ kopp socker
- 1 tsk salt
- 1 pack jäst
- ¼ kopp varmt vatten
- 1 ägg; separerat
- 3 hela ägg; slagen
- 3¼ kopp mjöl; siktade

INSTRUKTIONER:
a) Skålla mjölk och kyl till ljummen.
b) Grädde smör, tillsätt socker gradvis. Lägg till Salt.
c) Mjuka upp jästen i vattnet.
d) Blanda mjölk, gräddblandning och jäst. Tillsätt äggula, hela ägg och mjöl och vispa med en träslev i 2 minuter.
e) Täck och låt jäsa på en varm plats tills mer än fördubblats i bulk, cirka 2 timmar eller mindre.
f) Rör ner och vispa ordentligt. Täck tätt med folie och ställ i kylen över natten.
g) Värm ugnen till varm (425F); placera rack nära botten.
h) Rör ner degen och vänd upp på ett mjölat bord. Skär bort något mindre än en fjärdedel av degen och reservera.
i) Skär resten av degen i 16 bitar och forma till lika stora bollar.
j) Placera i väl smord muffinsform (2 /¾ x 1¼ tum djup).
k) Skär den mindre degbiten i 16 bitar och forma till släta bollar. Fukta fingret något och gör en fördjupning i varje stor boll. Placera en liten boll i varje fördjupning. Täck över och låt jäsa på en varm plats tills den är dubbelt så stor, cirka 1 timme.
l) Vispa den återstående äggvitan med en tesked socker. Pensla över brioche. Grädda tills de är bruna, eller 15-20 minuter.

28. Swiss Chocolate Chip Brioche

INGREDIENSER:
FÖR BRIOCHEDEGEN:
- 3 1/4 koppar universalmjöl
- 1/4 kopp strösocker
- 1 1/4 tsk aktiv torrjäst
- 1/2 kopp varm mjölk
- 3 stora ägg
- 1 tsk salt
- 1 kopp osaltat smör, mjukat

FÖR FYLLNING:
- 1 till 1 1/2 koppar schweiziska chokladchips

FÖR ÄGGTVÄTT:
- 1 ägg, uppvispat

INSTRUKTIONER:
AKTIVERA JÄSTEN:
a) I en liten skål, kombinera varm mjölk och en nypa socker. Strö jästen över mjölken och låt stå i 5-10 minuter tills den blir skum.

FÖRBERED DEGEN:
b) I en stor blandningsskål, kombinera mjöl, socker och salt. Gör en brunn i mitten och tillsätt den aktiverade jästblandningen och uppvispade ägg. Blanda tills en kladdig deg bildas.

c) Tillsätt gradvis det mjukade smöret, en matsked i taget, blanda väl mellan tillsatserna. Knåda degen på mjölat underlag i ca 10-15 minuter tills den blir slät och elastisk.

FÖRSTA UPPGÅNG:
d) Lägg degen i en lätt oljad bunke, täck med plastfolie eller en fuktig trasa och låt den jäsa på en varm plats i 1-2 timmar eller tills den har dubbelt så stor storlek.

LÄGG TILL CHOKLADBITAR:
e) Slå försiktigt ner den jästa degen och knåda in de schweiziska chokladchipsen tills den är jämnt fördelad.

f) Dela degen i lika stora delar och forma dem till önskad form – antingen en limpa, rullar eller någon annan form du föredrar.

ANDRA UPPGÅNGEN:

g) Lägg den formade degen på en bakplåtspappersklädd plåt. Täck över och låt den jäsa igen i ca 1 timme.
h) Värm ugnen till 350°F (180°C). Pensla den jästa briochen med det uppvispade ägget så att den får en blank finish.

BAKA:
i) Grädda i den förvärmda ugnen i 25-30 minuter eller tills briochen är gyllenbrun och låter ihålig när den knackas på botten.
j) Låt Swiss Chocolate Chip Brioche svalna på galler innan den skivas och serveras.

29. Provensalsk citron-lavendelbrioche

INGREDIENSER:

FÖR BRIOCHEDEGEN:
- 3 1/4 koppar universalmjöl
- 1/4 kopp strösocker
- 1 1/4 tsk aktiv torrjäst
- 1/2 kopp varm mjölk
- 3 stora ägg
- 1 tsk salt
- 1 kopp osaltat smör, mjukat

FÖR AROMMERING:
- Skal av 2 citroner
- 1 matsked torkad kulinarisk lavendel (se till att den är livsmedelsgodkänd)

FÖR ÄGGTVÄTT:
- 1 ägg, uppvispat

VALFRI GLASYR:
- 1 kopp strösocker
- 2 msk citronsaft
- 1 tsk torkad kulinarisk lavendel (valfritt, för garnering)

INSTRUKTIONER:

AKTIVERA JÄSTEN:
a) I en liten skål, kombinera varm mjölk och en nypa socker. Strö jästen över mjölken och låt stå i 5-10 minuter tills den blir skum.

FÖRBERED DEGEN:
b) I en stor blandningsskål, kombinera mjöl, socker, salt, citronskal och torkad lavendel. Gör en brunn i mitten och tillsätt den aktiverade jästblandningen och uppvispade ägg. Blanda tills en kladdig deg bildas.

c) Tillsätt gradvis det mjukade smöret, en matsked i taget, blanda väl mellan tillsatserna. Knåda degen på mjölat underlag i ca 10-15 minuter tills den blir slät och elastisk.

FÖRSTA UPPGÅNG:

d) Lägg degen i en lätt oljad bunke, täck med plastfolie eller en fuktig trasa och låt den jäsa på en varm plats i 1-2 timmar eller tills den har dubbelt så stor storlek.

FORM OCH ANDRA HÖGNING:

e) Stansa ner den jästa degen och forma den till önskad form – en limpa, rullar eller annan form. Lägg den formade degen på en bakplåtspappersklädd plåt. Täck över och låt den jäsa igen i ca 1 timme.

f) Värm ugnen till 350°F (180°C). Pensla den jästa briochen med det uppvispade ägget så att den får en blank finish.

BAKA:

g) Grädda i den förvärmda ugnen i 25-30 minuter eller tills briochen är gyllenbrun och låter ihålig när den knackas på botten.

h) Om så önskas, vispa ihop strösocker och citronsaft för att göra en glasyr. Ringla den över den avsvalnade briochen och strö över torkad lavendel till garnering.

i) Låt den provensalska citron-lavendelbriochen svalna på ett galler innan du skivar och serverar.

30. Southern Cinnamon-Pecan Brioche

INGREDIENSER:
FÖR BRIOCHEDEGEN:
- 3 1/4 koppar universalmjöl
- 1/4 kopp strösocker
- 1 1/4 tsk aktiv torrjäst
- 1/2 kopp varm mjölk
- 3 stora ägg
- 1 tsk salt
- 1 kopp osaltat smör, mjukat

FÖR KANEL-PEKANUTFYLLNING:
- 1/2 kopp osaltat smör, mjukat
- 1 kopp farinsocker, packat
- 2 msk mald kanel
- 1 dl hackade pekannötter

FÖR ÄGGTVÄTT:
- 1 ägg, uppvispat

INSTRUKTIONER:
AKTIVERA JÄSTEN:
a) I en liten skål, kombinera varm mjölk och en nypa socker. Strö jästen över mjölken och låt stå i 5-10 minuter tills den blir skum.

FÖRBERED DEGEN:
b) I en stor blandningsskål, kombinera mjöl, socker och salt. Gör en brunn i mitten och tillsätt den aktiverade jästblandningen och uppvispade ägg. Blanda tills en kladdig deg bildas.
c) Tillsätt gradvis det mjukade smöret, en matsked i taget, blanda väl mellan tillsatserna. Knåda degen på mjölat underlag i ca 10-15 minuter tills den blir slät och elastisk.

FÖRSTA UPPGÅNG:
d) Lägg degen i en lätt oljad bunke, täck med plastfolie eller en fuktig trasa och låt den jäsa på en varm plats i 1-2 timmar eller tills den har dubbelt så stor storlek.

FÖRBERED FYLLNINGEN:
e) Blanda det mjuka smöret, farinsockret, malen kanel och hackade pekannötter i en medelstor skål för att skapa fyllningen.

f) Stansa ner den jästa degen och kavla ut den till en stor rektangel på mjölad yta. Fördela kanel-pekannötsfyllningen jämnt över degen.
g) Rulla degen hårt från ena långsidan till en stock. Skär stocken i lika stora bullar eller skivor.

ANDRA ÖKNINGEN:
h) Lägg de skurna bullarna på en bakplåtspappersklädd plåt. Täck över och låt dem jäsa igen i ca 1 timme.
i) Värm ugnen till 350°F (180°C). Pensla de jästa bullarna med det uppvispade ägget så att de får en blank finish.

BAKA:
j) Grädda i den förvärmda ugnen i 20-25 minuter eller tills bullarna är gyllenbruna.
k) Låt Southern Cinnamon-Pecan Brioche svalna på ett galler innan servering.

31.Skandinavisk kardemumma-orange brioche

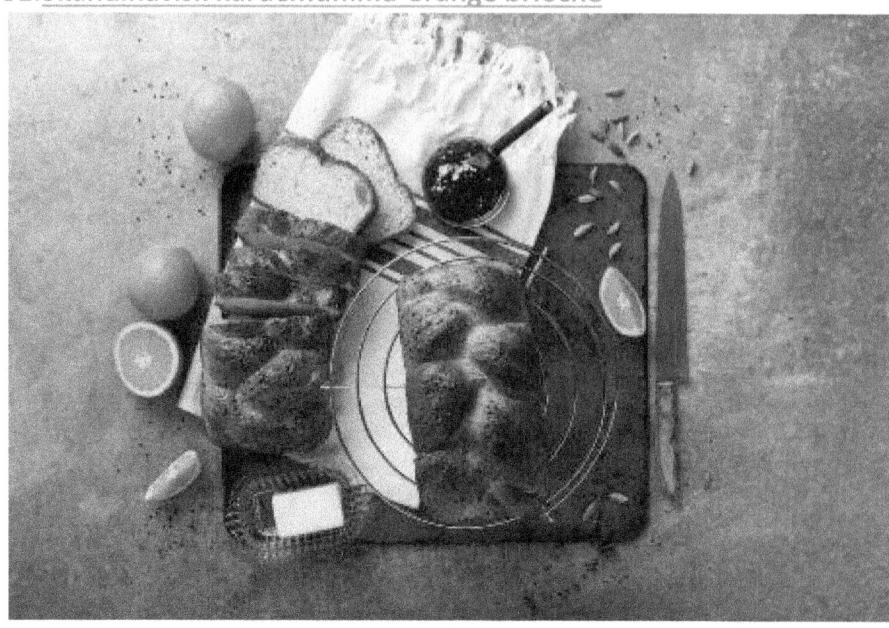

INGREDIENSER:
FÖR BRIOCHEDEGEN:
- 3 1/4 koppar universalmjöl
- 1/4 kopp strösocker
- 1 1/4 tsk aktiv torrjäst
- 1/2 kopp varm mjölk
- 3 stora ägg
- 1 tsk salt
- 1 kopp osaltat smör, mjukat

FÖR KARDEMUMMA-ORANGE FYLLNING:
- Skal av 2 apelsiner
- 1 till 2 matskedar mald kardemumma (anpassa efter smak)
- 1/2 kopp strösocker
- 1/4 kopp osaltat smör, mjukat

FÖR ÄGGTVÄTT:
- 1 ägg, uppvispat

VALFRI GLASYR:
- 1 kopp strösocker
- 2 msk apelsinjuice
- Apelsinskal till garnering

INSTRUKTIONER:
AKTIVERA JÄSTEN:
a) I en liten skål, kombinera varm mjölk och en nypa socker. Strö jästen över mjölken och låt stå i 5-10 minuter tills den blir skum.

FÖRBERED DEGEN:
b) Kombinera mjöl, socker, salt, apelsinskal och mald kardemumma i en stor blandningsskål. Gör en brunn i mitten och tillsätt den aktiverade jästblandningen och uppvispade ägg. Blanda tills en kladdig deg bildas.

c) Tillsätt gradvis det mjukade smöret, en matsked i taget, blanda väl mellan tillsatserna. Knåda degen på mjölat underlag i ca 10-15 minuter tills den blir slät och elastisk.

FÖRSTA UPPGÅNG:

d) Lägg degen i en lätt oljad bunke, täck med plastfolie eller en fuktig trasa och låt den jäsa på en varm plats i 1-2 timmar eller tills den har dubbelt så stor storlek.

FÖRBERED FYLLNINGEN:

e) I en liten skål, blanda ihop apelsinskal, mald kardemumma, socker och mjukt smör för att skapa fyllningen.

f) Stansa ner den jästa degen och kavla ut den till en stor rektangel på mjölad yta. Fördela kardemumma-apelsinfyllningen jämnt över degen.

g) Rulla degen hårt från ena långsidan till en stock. Skär stocken i lika stora bullar eller skivor.

ANDRA UPPGÅNGEN:

h) Lägg de skurna bullarna på en bakplåtspappersklädd plåt. Täck över och låt dem jäsa igen i ca 1 timme.

i) Värm ugnen till 350°F (180°C). Pensla de jästa bullarna med det uppvispade ägget så att de får en blank finish.

BAKA:

j) Grädda i den förvärmda ugnen i 20-25 minuter eller tills bullarna är gyllenbruna.

k) Om så önskas, vispa ihop strösocker och apelsinjuice för att göra en glasyr. Ringla den över den avsvalnade briochen och strö över apelsinskal till garnering.

l) Låt den skandinaviska kardemumma-apelsinbriochen svalna på galler innan servering.

32. Alsace Kugelhopf Brioche

INGREDIENSER:
- 3 1/2 koppar universalmjöl
- 1/4 kopp socker
- 1 tsk salt
- 1 paket aktiv torrjäst
- 1/2 kopp varm mjölk
- 3 stora ägg
- 1/2 kopp osaltat smör, mjukat
- 1/2 kopp russin
- 1/4 kopp hackad mandel
- 1 tsk mandelextrakt

INSTRUKTIONER:
a) Blanda varm mjölk och jäst, låt jäsa.
b) Blanda mjöl, socker och salt. Tillsätt jästblandning, ägg och mjukt smör. Knåda tills den är slät.
c) Vänd ner russin, mandel och mandelextrakt.
d) Låt jäsa, forma till en traditionell Kugelhopfform och låt den jäsa igen.
e) Grädda i 350°F (175°C) i 35-40 minuter.

33. Provensalska Fougasse Brioche

INGREDIENSER:
- 3 1/4 dl brödmjöl
- 1/4 kopp socker
- 1 tsk salt
- 1 paket snabbjäst
- 1/2 kopp varmt vatten
- 3 stora ägg
- 1/2 kopp olivolja
- 1/4 kopp hackade svarta oliver
- 1 msk hackad färsk rosmarin

INSTRUKTIONER:
a) Lös upp jästen i varmt vatten, låt stå i 5 minuter.
b) Blanda mjöl, socker och salt. Tillsätt jästblandning, ägg och olivolja. Knåda tills den är slät.
c) Vänd ner hackade oliver och rosmarin.
d) Låt jäsa, forma till ett Fougasse-mönster och låt jäsa igen.
e) Grädda i 375°F (190°C) i 25-30 minuter.

34.Svensk Saffran Brioche Lussekatter

INGREDIENSER:
- 4 koppar universalmjöl
- 1/2 kopp socker
- 1 tsk salt
- 1 paket aktiv torrjäst
- 1 kopp varm mjölk
- 3 stora ägg
- 1/2 kopp osaltat smör, smält
- 1/2 tsk saffranstrådar (indränkta i varm mjölk)
- Russin för dekoration

INSTRUKTIONER:
a) Blanda varm mjölk och jäst, låt det skumma.
b) Blanda mjöl, socker och salt. Tillsätt jästblandning, ägg, smält smör och saffransinfunderad mjölk. Knåda tills den är slät.
c) Låt jäsa, forma till S-formade rullar (Lussekatter), och lägg russin ovanpå.
d) Låt den jäsa igen och grädda sedan i 375°F (190°C) i 20-25 minuter.

35. Italiensk Panettone Brioche

INGREDIENSER:
- 3 1/2 dl brödmjöl
- 1/2 kopp socker
- 1 tsk salt
- 1 paket snabbjäst
- 1/2 kopp varm mjölk
- 3 stora ägg
- 1/2 kopp osaltat smör, mjukat
- 1/2 kopp kanderat apelsinskal
- 1/2 kopp russin
- 1 tsk vaniljextrakt

INSTRUKTIONER:
a) Lös upp jästen i varm mjölk, låt stå i 5 minuter.
b) Blanda mjöl, socker och salt. Tillsätt jästblandning, ägg, mjukt smör och vaniljextrakt. Knåda tills den är slät.
c) Vänd i kanderat apelsinskal och russin.
d) Låt jäsa, forma till en rund Panettone och låt den jäsa igen.
e) Grädda vid 350°F (175°C) i 45-50 minuter.

36.Japansk Matcha Melonpan Brioche

INGREDIENSER:
- 3 1/2 dl brödmjöl
- 1/4 kopp socker
- 1 tsk salt
- 1 paket snabbjäst
- 1/2 kopp varm mjölk
- 3 stora ägg
- 1/2 kopp osaltat smör, mjukat
- 2 msk matchapulver
- Melonpanna topping (cookie dough)

INSTRUKTIONER:
a) Lös upp jästen i varm mjölk, låt stå i 5 minuter.
b) Blanda mjöl, socker, salt och matchapulver. Tillsätt jästblandning, ägg och mjukt smör. Knåda tills den är slät.
c) Låt jäsa, dela i portioner och forma med melonpanna topping.
d) Låt den jäsa igen och grädda sedan i 375°F (190°C) i 20-25 minuter.

37. Marockansk apelsinblomma brioche

INGREDIENSER:
- 3 1/4 koppar universalmjöl
- 1/4 kopp socker
- 1 tsk salt
- 1 paket aktiv torrjäst
- 1/2 kopp varmt vatten
- 3 stora ägg
- 1/2 kopp osaltat smör, smält
- Skal av 2 apelsiner
- 2 msk apelsinblomvatten

INSTRUKTIONER:
a) Blanda varmt vatten och jäst, låt jäsa.
b) Blanda mjöl, socker och salt. Tillsätt jästblandning, ägg, smält smör, apelsinskal och apelsinblomvatten. Knåda tills den är slät.
c) Låt jäsa, forma till en rund limpa och låt den jäsa igen.
d) Grädda i 350°F (175°C) i 30-35 minuter.

38.Indisk kardemumma och saffransbrioche

INGREDIENSER:
- 4 dl brödmjöl
- 1/3 kopp socker
- 1 tsk salt
- 1 paket snabbjäst
- 1 kopp varm mjölk
- 3 stora ägg
- 1/2 kopp osaltat smör, mjukat
- 1 msk mald kardemumma
- 1/2 tsk saffranstrådar (indränkta i varm mjölk)

INSTRUKTIONER:
a) Lös upp jästen i varm mjölk, låt stå i 5 minuter.
b) Blanda mjöl, socker, salt och mald kardemumma. Tillsätt jästblandning, ägg, mjukt smör och saffransinfunderad mjölk. Knåda tills den är slät.
c) Låt jäsa, forma till en flätad limpa och låt den jäsa igen.
d) Grädda i 375°F (190°C) i 25-30 minuter.

39. Mexikansk kanelchokladbrioche

INGREDIENSER:
- 3 1/2 koppar universalmjöl
- 1/4 kopp socker
- 1 tsk salt
- 1 paket aktiv torrjäst
- 1/2 kopp varm mjölk
- 3 stora ägg
- 1/2 kopp osaltat smör, smält
- 1/4 kopp kakaopulver
- 1 msk mald kanel
- 1/2 kopp chokladchips

INSTRUKTIONER:
a) Blanda varm mjölk och jäst, låt det skumma.
b) Blanda mjöl, socker, salt, kakaopulver och mald kanel. Tillsätt jästblandning, ägg, smält smör och chokladbitar. Knåda tills den är slät.
c) Låt jäsa, forma till individuella rullar och låt dem jäsa igen.
d) Grädda i 350°F (175°C) i 20-25 minuter.

FRUKTBRIOSCH

40. Frukt och nötter brioche

INGREDIENSER:
- 1 msk färsk jäst
- 150 ml ljummen mjölk
- 250 gram mjöl
- 4 ägg vispade
- 1 nypa salt
- 4 matskedar socker
- ½ kopp mandel
- ½ kopp hasselnötter
- ¼ kopp russin eller sultanas
- ⅓ kopp vinbär
- ⅓ kopp Torkade aprikoser, skivade
- Några glace körsbär
- 170 gram Smör, mjukat men inte smält

INSTRUKTIONER:
a) Värm ugnen till 170C. Lös upp jäst i mjölk. Tillsätt mjöl, ägg, salt, socker, nötter och frukt.
b) Vispa väl. täck och låt jäsa på en varm plats tills den fördubblats i bulk.
c) Slå ner, tillsätt smör och vispa väl och se till att det inte finns några smörklumpar. Häll i väl smord brödform (blandningen ska fylla formen till hälften). Låt jäsa igen tills formen är ¾ full.
d) Grädda i 170 C tills ett spett kommer ut rent, ca 20-25 minuter.
e) Kyl innan du skär upp.

41.Brioche vaniljsåsbullar med stenad frukt och basilika

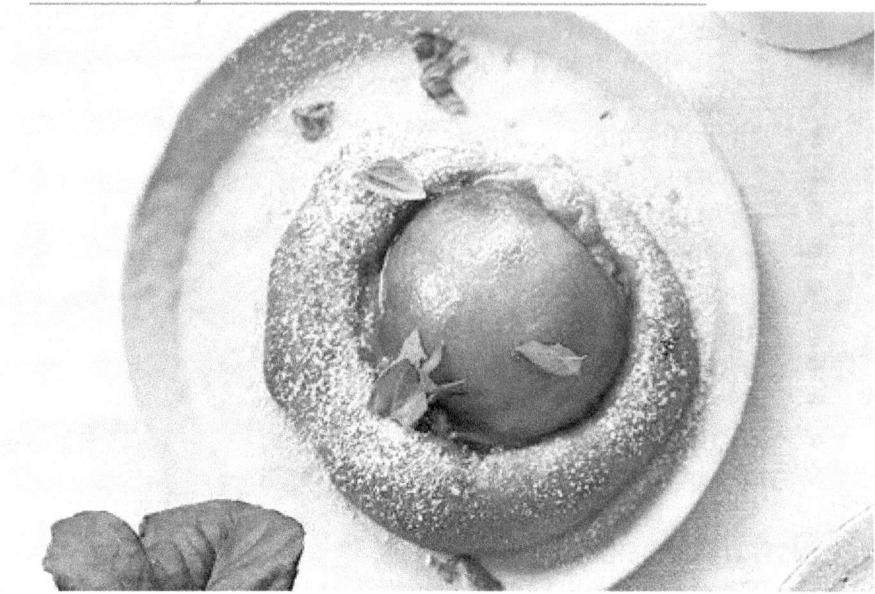

INGREDIENSER:

- 250 g vanligt mjöl (till briochen)
- 1 tsk fint salt (till briochen)
- 30 g strösocker (till briochen) + 60 g (till crème pâtissière)
- 7 g torkad jäst (snabb/snabbjäst) (för briochen)
- 3 ägg (till briochen) + 3 äggulor (till crème pâtissière) + 1 ägg
- 180 g osaltat smör, mjukat (till briochen)
- 1 dl olja (för smörjning)
- 250 ml helmjölk (till crème pâtissière)
- ½ tsk vaniljstångspasta eller ½ vaniljstång, delad på mitten och skrapad (för crème pâtissière)
- 20 g majsmjöl (till crème pâtissière)
- 4 mogna urkärnade frukter, halverade och urstenade (för att montera)
- 2 msk demerara socker (att montera)
- ½ knippe basilika, endast blad, halvt riven (att montera)
- 1 dl florsocker (att pudra)

INSTRUKTIONER:
FÖRBEREDNING AV BRIOSCHDEG

a) Använd en fristående mixer med degkrok, kombinera mjöl, salt och socker på låg hastighet.
b) Tillsätt jäst, blanda väl, blanda sedan in ägg och blanda på medium i 10 minuter tills en lös deg bildas.
c) Låt degen stå i 5 minuter.
d) Tillsätt mjukat smör och blanda på medium i cirka 10 minuter, skrapa sidorna av skålen ofta.
e) Öka hastigheten något och fortsätt blanda i ca 15 minuter tills degen blir elastisk.
f) Skopa upp degen på en lätt oljad yta, forma till en boll och överför till en stor, lätt oljad behållare.
g) Täck över och låt jäsa i rumstemperatur i 1 timme. Tryck ner något för att få bort luften, täck sedan över och ställ in i kylen över natten.

CRÈME PÂTISSIÈRE FÖRBEREDELSE

h) Värm mjölk med hälften av sockret och vanilj i en kastrull.

i) Vispa äggulor, tillsätt resterande socker och sikta i majsmjöl; vispa ihop.
j) Häll sjudande mjölk över äggblandningen under konstant vispning.
k) Koka på medelvärme under omrörning i 4-5 minuter tills det tjocknat. Koka ytterligare några minuter och ta sedan bort från värmen.
l) Lägg över till en värmesäker skål, täck med hushållsfilm och låt svalna helt.

MONTERING AV STENAD FRUKT OCH BASILICA
m) Värm ugnen till 200°C/180°C fläkt/gas 6.
n) Kasta stenad frukt med socker och trasiga basilikablad.

BAKNING
o) Klä 2 bakplåtar med papper.
p) Knåda degen försiktigt, dela i 7, forma till bollar och lägg ut på plåtarna, tryck lätt till skivor.
q) Skeda 1 msk crème pat i mitten av varje och toppa med en urkärnad frukthalva, skuren nedåt.
r) Pensla degen med uppvispat ägg och grädda sedan i 17-20 minuter tills den är gyllenbrun.
s) Låt svalna något, skala av och kassera de urkärnade fruktskalen och avsluta med basilikablad och en strö av florsocker.

42. Choklad Passionsfrukt Brioche Bullar

INGREDIENSER:
BRIOCH:
- 250g starkt vitt brödmjöl
- 1/2 tsk fint havssalt
- 1 tsk snabbverkande torkad jäst
- 20 g strösocker
- Skal av 1 citron
- 125 ml helmjölk
- 1 stort ägg + 1 för äggtvätt
- 50 g osaltat smör, rumstempererat

PASSIONSFRUKTSBAGSKRÄM:
- 225 ml passionsfruktpuré
- 75 g strösocker
- 20g majsmjöl
- 3 stora äggulor
- Nypa fint havssalt
- 20 g osaltat smör
- 100ml dubbelkräm
- 1 tsk vaniljstångspasta

CHOKLAD GLASUR:
- 50 g mjölkchoklad (cirka 50 % kakao)
- 50ml dubbelkräm
- 15 ml passionsfruktpuré

INSTRUKTIONER:
FÖRBEREDELSER BRIOCH:

a) Koka 20 g mjöl och 80 ml mjölk på medelhög värme i en liten smörpanna tills en tjock pasta bildas. Avsätta.

b) Blanda resterande mjöl, salt, jäst, socker, citronskal, återstående mjölk, ägg och den kokta mjölblandningen i en stående mixer.

c) Blanda på låg hastighet tills det bildas en ruggig deg. Fortsätt blanda i 10-15 minuter tills degen är elastisk.

d) Tillsätt smör gradvis, blanda tills degen är helt blandad och slät.

e) Forma till en boll, lägg i en skål, täck med hushållsfilm och ställ i kylen över natten.

PASSIONSFRUKTSBAGSKRÄM:
f) Värm passionsfruktpuré med hälften av sockret i en kastrull tills det sjuder.
g) Blanda resterande socker och majsmjöl i en separat skål. Tillsätt äggulor och salt, vispa tills det är slätt.
h) Häll sjudande puré över äggulablandningen, vispa så att den inte kläms ihop. Återgå till pannan och koka tills det tjocknat.
i) Tillsätt smör, rör om tills det blandas, täck med hushållsfilm och ställ i kylen.

MONTERING AV BULLE:
j) På bakdagen dela briochedegen i 8 bitar och forma till bullar på en bakplåtspappersklädd plåt. Bevis tills dubbelt.
k) Värm ugnen till 200ºC (180ºC varmluft). Pensla bullarna med äggtvätt och grädda i 15-20 minuter tills de är gyllene. Häftigt.
l) Vispa den kylda krämen tills den är slät. I en separat skål, vispa grädde och vanilj till mjuka toppar. Kombinera med vaniljsåsen.
m) Använd en spritspåse och fyll varje bulle med vaniljsås tills det blir lite tungt.
n) Till glasyren, smält choklad och grädde, vispa i passionsfruktspuré. Doppa bullar i ganachen och låt stelna.
o) Eventuellt dekorera med riven choklad, kakaopulver eller frystorkat passionsfruktpulver.
p) Täckta kan bullarna lagras i 2-3 dagar. Njut av den gudomliga kombinationen av choklad och passionsfrukt!

43.Kanderad frukt- och valnötsbriotekrans

INGREDIENSER:
- 450g starkt vitt brödmjöl
- 1 tsk havssalt
- 7 g påse torkad jäst
- 50 g strösocker
- 100 ml helmjölk
- 5 medelstora ägg
- 190 g smör, tärnat och mjukat
- 50g blandat skal
- 7 g valnötter, hackade
- 125 g fikonmarmelad
- 25 g valnötter, hackade (för att strö över)

INSTRUKTIONER:
DEGBEREDNING
a) Lägg mjölet i skålen på en matmixer försedd med degkrok.
b) Tillsätt salt på ena sidan och jäst och socker på andra sidan. Blanda ihop allt med degkroken.
c) Värm mjölken tills den är varm men inte för varm och tillsätt den till mjölblandningen med mixern igång på medium.
d) Tillsätt 4 ägg, ett i taget, och blanda väl efter varje tillsats. Blanda i 10 minuter.
e) Tillsätt gradvis det mjukade smöret, några kuber i taget, tills degen är blandad och degen är väldigt mjuk (ca 5 minuter).
f) Skrapa ner sidorna och tillsätt blandat skal och hackade valnötter tills det är jämnt fördelat.
g) Täck skålen med hushållsfilm och låt den jäsa på en varm plats i 1½-2 timmar tills den fördubblats i storlek, ställ sedan i kylen i 1 timme.

HOPSÄTTNING
h) Klä en stor bakplåt med bakplåtspapper.
i) Dela degen i 8 lika stora delar och rulla till bollar.
j) Lägg bollarna i en cirkel på brickan med 1-2 cm mellanrum mellan varje boll.
k) Täck med hushållsfilm och låt den jäsa i 30 minuter tills den fördubblats i storlek och bollarna bara går ihop.

BAKNING
l) Värm ugnen till 180oC (gasmarkering 4).
m) Pensla briochen lätt med resterande uppvispat ägg.
n) Finhacka resterande valnötter och strö över briochen.
o) Grädda i 15-20 minuter tills de är gyllene.
p) Låt svalna något och servera fikonmarmeladen i en skål i mitten av kransen.

44. Blåbär Citron Brioche

INGREDIENSER:
- 3 1/2 koppar universalmjöl
- 1/4 kopp socker
- 1 tsk salt
- 1 paket aktiv torrjäst
- 1/2 kopp varm mjölk
- 3 stora ägg
- 1/2 kopp osaltat smör, mjukat
- Skal av 1 citron
- 1 dl färska eller frysta blåbär

INSTRUKTIONER:
a) Blanda varm mjölk och jäst, låt jäsa.
b) Blanda mjöl, socker, salt och citronskal. Tillsätt jästblandning, ägg och mjukt smör. Knåda tills den är slät.
c) Vänd försiktigt ner blåbär.
d) Låt jäsa, forma till en limpa eller rullar och låt jäsa igen.
e) Grädda i 375°F (190°C) i 25-30 minuter.

45. Hallon Mandel Brioche Rolls

INGREDIENSER:

- 4 dl brödmjöl
- 1/4 kopp socker
- 1 tsk salt
- 1 paket snabbjäst
- 1 kopp varm mjölk
- 3 stora ägg
- 1/2 kopp osaltat smör, smält
- 1 dl färska eller frysta hallon
- 1/2 kopp mandelskivor

INSTRUKTIONER:

a) Lös upp jästen i varm mjölk, låt stå i 5 minuter.
b) Blanda mjöl, socker och salt. Tillsätt jästblandning, ägg och smält smör. Knåda tills den är slät.
c) Vänd försiktigt ner hallon och mandelskivor.
d) Låt jäsa, skär i bitar och lägg i en ugnsform.
e) Låt den jäsa igen och grädda sedan i 350°F (175°C) i 20-25 minuter.

46. Peach Vanilla Brioche Twist

INGREDIENSER:
- 3 1/4 koppar universalmjöl
- 1/4 kopp socker
- 1 tsk salt
- 1 paket aktiv torrjäst
- 1/2 kopp varm mjölk
- 3 stora ägg
- 1/2 kopp osaltat smör, mjukat
- 2 mogna persikor, tärnade
- 1 msk vaniljextrakt

INSTRUKTIONER:
a) Blanda varm mjölk och jäst, låt det skumma.
b) Blanda mjöl, socker och salt. Tillsätt jästblandning, ägg, mjukt smör, tärnade persikor och vaniljextrakt. Knåda tills den är slät.
c) Låt jäsa, dela i två delar och vrid ihop dem.
d) Lägg i en smord form, låt den jäsa igen och grädda sedan i 375°F (190°C) i 30-35 minuter.

47. Strawberry Cream Cheese Brioche Braid

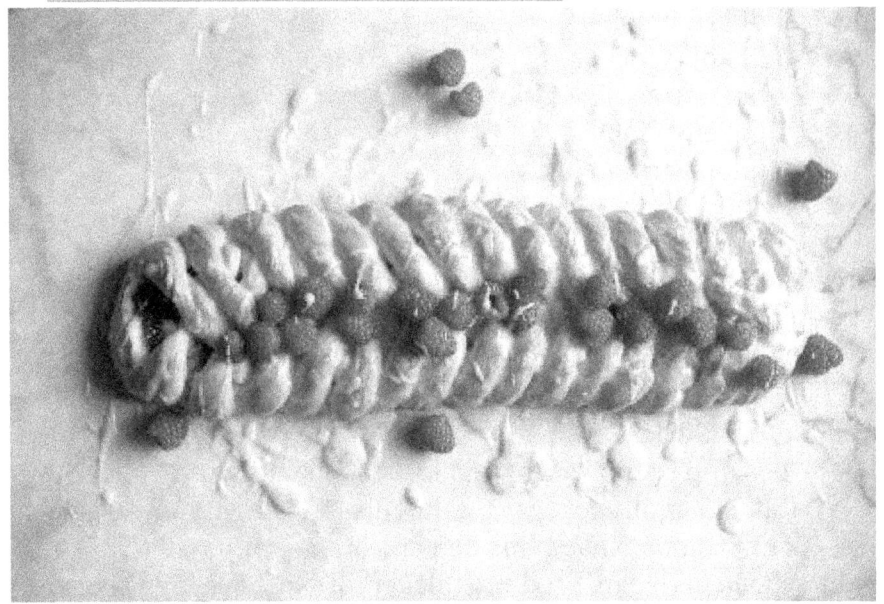

INGREDIENSER:
- 4 dl brödmjöl
- 1/3 kopp socker
- 1 tsk salt
- 1 paket snabbjäst
- 1 kopp varm mjölk
- 3 stora ägg
- 1/2 kopp osaltat smör, smält
- 1 dl färska jordgubbar, skivade
- 4 uns färskost, mjukad
- 1/4 kopp strösocker

INSTRUKTIONER:
a) Lös upp jästen i varm mjölk, låt stå i 5 minuter.
b) Blanda mjöl, socker och salt. Tillsätt jästblandning, ägg och smält smör. Knåda tills den är slät.
c) Kavla ut degen, bred ut ett lager färskost och lägg skivade jordgubbar ovanpå.
d) Vik degen över fyllningen, skapa en fläta.
e) Låt jäsa och grädda sedan i 350°F (175°C) i 25-30 minuter.

48. Cherry Mandel Brioche Swirls

INGREDIENSER:
- 3 1/2 koppar universalmjöl
- 1/4 kopp socker
- 1 tsk salt
- 1 paket aktiv torrjäst
- 1/2 kopp varm mjölk
- 3 stora ägg
- 1/2 kopp osaltat smör, mjukat
- 1 kopp färska eller frysta körsbär, urkärnade och halverade
- 1/2 kopp skivad mandel

INSTRUKTIONER:
a) Blanda varm mjölk och jäst, låt jäsa.
b) Blanda mjöl, socker, salt och tillsätt jästblandning, ägg och mjukt smör. Knåda tills den är slät.
c) Vänd försiktigt ner körsbär och skivad mandel.
d) Låt jäsa, kavla ut degen, fördela körsbär och mandel jämnt och rulla sedan till en stock.
e) Skär i bitar, lägg i en smord form och låt den jäsa igen.
f) Grädda i 375°F (190°C) i 25-30 minuter.

49. Mango Coconut Brioche Rolls

INGREDIENSER:
- 4 dl brödmjöl
- 1/4 kopp socker
- 1 tsk salt
- 1 paket snabbjäst
- 1 dl varm kokosmjölk
- 3 stora ägg
- 1/2 kopp osaltat smör, smält
- 1 dl färsk mango, tärnad
- 1/2 dl riven kokos

INSTRUKTIONER:
a) Lös upp jästen i varm kokosmjölk, låt stå i 5 minuter.
b) Blanda mjöl, socker och salt. Tillsätt jästblandning, ägg och smält smör. Knåda tills den är slät.
c) Vänd försiktigt i tärnad mango och riven kokos.
d) Låt jäsa, skär i bitar och lägg i en ugnsform.
e) Låt den jäsa igen och grädda sedan i 350°F (175°C) i 20-25 minuter.

50.Blackberry Lemon Cheesecake Brioche

INGREDIENSER:
- 3 1/4 koppar universalmjöl
- 1/4 kopp socker
- 1 tsk salt
- 1 paket aktiv torrjäst
- 1/2 kopp varm mjölk
- 3 stora ägg
- 1/2 kopp osaltat smör, mjukat
- 1 dl färska björnbär
- 4 uns färskost, mjukad
- Skal av 1 citron

INSTRUKTIONER:
a) Blanda varm mjölk och jäst, låt det skumma.
b) Blanda mjöl, socker och salt. Tillsätt jästblandning, ägg, mjukt smör, färskost och citronskal. Knåda tills den är slät.
c) Vik försiktigt i björnbär.
d) Låt jäsa, forma till en limpa och låt jäsa igen.
e) Grädda i 375°F (190°C) i 30-35 minuter.

51. Citrus Kiwi Brioche Krans

INGREDIENSER:
- 4 dl brödmjöl
- 1/3 kopp socker
- 1 tsk salt
- 1 paket snabbjäst
- 1 kopp varm apelsinjuice
- 3 stora ägg
- 1/2 kopp osaltat smör, smält
- Skal av 1 apelsin
- 2 kiwi, skalade och skivade

INSTRUKTIONER:
a) Lös upp jästen i varm apelsinjuice, låt stå i 5 minuter.
b) Blanda mjöl, socker och salt. Tillsätt jästblandning, ägg, smält smör och apelsinskal. Knåda tills den är slät.
c) Låt jäsa, kavla ut degen och forma till en krans.
d) Lägg kiwiskivor ovanpå, låt den jäsa igen och grädda sedan i 375°F (190°C) i 30-35 minuter.

VEGGIE BRIOSCH

52. Brioches de pommes de terre

INGREDIENSER:
- 1½ pund Kokande potatis, skalad och tärnad
- 4 matskedar osaltat smör, i tärningar, vid rumstemperatur
- 3 stora äggulor
- ½ tsk salt
- Vitpeppar efter smak
- 1 tsk Mjölk
- 8 välsmörda miniatyrbriocheformar, kylda

INSTRUKTIONER:

a) Täck potatisen med kallt vatten i en vattenkokare och koka upp saltat vatten. Sjud potatisen i 12 till 15 minuter, eller tills den är mjuk. Låt potatisen rinna av och pressa den genom en riser i en skål.

b) Rör ner smöret, 2 äggulor, salt och vitpeppar och låt blandningen svalna i minst 20 minuter eller upp till 2 timmar.

c) Värm ugnen till 425 grader F.

d) Överför ¼ kopp av blandningen till en lätt mjölad yta, med lätt mjölade händer, nyp av en bit som är lika stor som en marmor och spara den. Rulla den större delen till en slät boll och släpp den försiktigt i en av de kylda formarna. Gör en grund fördjupning försiktigt i toppen av kulan, forma den reserverade delen av marmorstorlek till en slät kula och placera den försiktigt i fördjupningen.

e) Kombinera den sista äggulan med mjölken i en liten skål och pensla äggsköljet på var och en av briocherna, var noga med att den inte faller ner på sidan av formen. Grädda på en plåt i 25 till 30 minuter, eller tills de är gyllenbruna. Låt dem svalna på galler i 20 minuter.

f) Lossa kanterna med ett metallspett och vänd upp och ned för att försiktigt ta bort dem från formarna.

g) De kan göras en dag i förväg. Förvara kylt och övertäckt och värm vid 400 grader F. i 15 minuter.

53. Spenat och fetaostfyllda briocherullar

INGREDIENSER:
- 3 1/2 koppar universalmjöl
- 1/4 kopp socker
- 1 tsk salt
- 1 paket aktiv torrjäst
- 1/2 kopp varm mjölk
- 3 stora ägg
- 1/2 kopp osaltat smör, mjukat
- 1 dl färsk spenat, hackad
- 1/2 dl smulad fetaost

INSTRUKTIONER:
a) Blanda varm mjölk och jäst, låt jäsa.
b) Blanda mjöl, socker och salt. Tillsätt jästblandning, ägg och mjukt smör. Knåda tills den är slät.
c) Vänd försiktigt ner hackad spenat och fetaost.
d) Låt jäsa, forma till rullar och lägg i en ugnsform.
e) Låt den jäsa igen och grädda sedan i 375°F (190°C) i 20-25 minuter.

54. Rostad röd paprika och getost Briochetårta

INGREDIENSER:
- 4 dl brödmjöl
- 1/4 kopp socker
- 1 tsk salt
- 1 paket snabbjäst
- 1 kopp varmt vatten
- 3 stora ägg
- 1/2 kopp osaltat smör, smält
- 1 dl rostad röd paprika, tärnad
- 1/2 kopp smulad getost

INSTRUKTIONER:
a) Lös upp jästen i varmt vatten, låt stå i 5 minuter.
b) Blanda mjöl, socker och salt. Tillsätt jästblandning, ägg och smält smör. Knåda tills den är slät.
c) Vänd försiktigt ner tärnad rostad röd paprika och getost.
d) Låt jäsa, kavla ut degen och lägg i en tårtform.
e) Låt den jäsa igen och grädda sedan i 350°F (175°C) i 25-30 minuter.

55.Svamp- och schweizisk ostbriochefläta

INGREDIENSER:
- 3 1/4 koppar universalmjöl
- 1/4 kopp socker
- 1 tsk salt
- 1 paket aktiv torrjäst
- 1/2 kopp varm mjölk
- 3 stora ägg
- 1/2 kopp osaltat smör, mjukat
- 1 dl svamp, finhackad
- 1 dl riven schweizisk ost

INSTRUKTIONER:
a) Blanda varm mjölk och jäst, låt det skumma.
b) Blanda mjöl, socker och salt. Tillsätt jästblandning, ägg och mjukt smör. Knåda tills den är slät.
c) Vänd försiktigt ner hackad svamp och strimlad schweizerost.
d) Låt jäsa, dela i portioner och fläta bitarna.
e) Lägg på en plåt, låt den jäsa igen och grädda sedan i 375°F (190°C) i 25-30 minuter.

56. Zucchini och Parmesan Brioche Focaccia

INGREDIENSER:
- 4 dl brödmjöl
- 1/3 kopp socker
- 1 tsk salt
- 1 paket snabbjäst
- 1 kopp varmt vatten
- 3 stora ägg
- 1/2 kopp osaltat smör, smält
- 1 dl riven zucchini
- 1/2 kopp riven parmesanost

INSTRUKTIONER:
a) Lös upp jästen i varmt vatten, låt stå i 5 minuter.
b) Blanda mjöl, socker och salt. Tillsätt jästblandning, ägg och smält smör. Knåda tills den är slät.
c) Vänd försiktigt ner riven zucchini och parmesanost.
d) Låt jäsa, bred ut degen i en bakpanna till en focacciaform.
e) Låt den jäsa igen och grädda sedan i 350°F (175°C) i 25-30 minuter.

57.Soltorkad tomat och basilika briocherullar

INGREDIENSER:
- 3 1/2 koppar universalmjöl
- 1/4 kopp socker
- 1 tsk salt
- 1 paket aktiv torrjäst
- 1/2 kopp varm mjölk
- 3 stora ägg
- 1/2 kopp osaltat smör, mjukat
- 1/2 dl soltorkade tomater, hackade
- 1/4 kopp färsk basilika, finhackad

INSTRUKTIONER:
a) Blanda varm mjölk och jäst, låt jäsa.
b) Blanda mjöl, socker och salt. Tillsätt jästblandning, ägg och mjukt smör. Knåda tills den är slät.
c) Vänd försiktigt ner hackade soltorkade tomater och färsk basilika.
d) Låt jäsa, forma till rullar och lägg i en ugnsform.
e) Låt den jäsa igen och grädda sedan i 375°F (190°C) i 20-25 minuter.

58. Broccoli och cheddarfyllda briochebullar

INGREDIENSER:
- 4 dl brödmjöl
- 1/4 kopp socker
- 1 tsk salt
- 1 paket snabbjäst
- 1 kopp varmt vatten
- 3 stora ägg
- 1/2 kopp osaltat smör, smält
- 1 dl broccolibuktor, ångade och hackade
- 1 dl riven cheddarost

INSTRUKTIONER:
a) Lös upp jästen i varmt vatten, låt stå i 5 minuter.
b) Blanda mjöl, socker och salt. Tillsätt jästblandning, ägg och smält smör. Knåda tills den är slät.
c) Vänd försiktigt ner ångad och hackad broccoli och strimlad cheddarost.
d) Låt jäsa, forma till bullar och lägg på plåt.
e) Låt den jäsa igen och grädda sedan i 350°F (175°C) i 25-30 minuter.

59. Karamelliserad lök och Gruyère Briochetårta

INGREDIENSER:

- 3 1/4 koppar universalmjöl
- 1/4 kopp socker
- 1 tsk salt
- 1 paket aktiv torrjäst
- 1/2 kopp varm mjölk
- 3 stora ägg
- 1/2 kopp osaltat smör, mjukat
- 2 stora lökar, tunt skivade och karamelliserade
- 1 kopp strimlad Gruyère ost

INSTRUKTIONER:

a) Blanda varm mjölk och jäst, låt det skumma.
b) Blanda mjöl, socker och salt. Tillsätt jästblandning, ägg och mjukt smör. Knåda tills den är slät.
c) Vänd försiktigt ner karamelliserad lök och strimlad Gruyère-ost.
d) Låt jäsa, kavla ut degen och lägg i en tårtform.
e) Låt den jäsa igen och grädda sedan i 375°F (190°C) i 30-35 minuter.

60.Kronärtskocka och Pesto Brioche Pinwheels

INGREDIENSER:
- 4 dl brödmjöl
- 1/3 kopp socker
- 1 tsk salt
- 1 paket snabbjäst
- 1 kopp varmt vatten
- 3 stora ägg
- 1/2 kopp osaltat smör, smält
- 1 dl marinerade kronärtskockshjärtan, hackade
- 1/4 kopp pestosås

INSTRUKTIONER:
a) Lös upp jästen i varmt vatten, låt stå i 5 minuter.
b) Blanda mjöl, socker och salt. Tillsätt jästblandning, ägg och smält smör. Knåda tills den är slät.
c) Vänd försiktigt ner hackade marinerade kronärtskockshjärtan och pestosås.
d) Låt jäsa, kavla ut degen, fördela pesto och kronärtskockor jämnt och rulla sedan till en stock.
e) Skär i skivor, lägg på en plåt och låt jäsa igen.
f) Grädda i 350°F (175°C) i 20-25 minuter.

OSTBRIOCH

61. Ostbrioche

INGREDIENSER:
- 1 kopp vatten
- 2 uns margarin
- 1 tsk salt
- 1 tsk cayennepeppar
- 1 kopp oblekt vitt mjöl, siktat
- 3 ägg
- 3 uns gruyereost, fint tärnad

INSTRUKTIONER:
a) Värm ugnen till 375 F. Koka upp vatten, margarin, salt och cayenne i en 1 liters kastrull på låg låga. När margarinet smält, sänk värmen. Tillsätt mjöl. Degen kommer att bilda en boll.
b) Rör bollen med en träslev kontinuerligt i 2 till 3 minuter.
c) Skrapa botten av pannan ofta så att degen inte fastnar. Ta bort från värmen och lägg degen i en stor bunke. Bred ut degen i bunken och låt svalna i 10 minuter.
d) Eftersom dina händer snart blir väldigt klibbiga, placera en stor bakplåt nära skålen innan du börjar nästa steg.
e) När degen är tillräckligt kall så att ägg inte kokar i degen, tillsätt alla ägg i degen. Mosa för hand tills äggen är helt blandade. Tillsätt ost och blanda noga.
f) Placera degbollen i mitten av den osmorda plåten. Sprid ut degen från mitten för att bilda en 5 x 8 tum oval ring.

62. Ost Päron Brioche

INGREDIENSER:
FÖR DEG:
- 1/5 kopp mjölk
- 5 ägg
- ⅓ kopp socker
- 3½ koppar universalmjöl
- 1½ tsk aktiv torrjäst ½ tsk salt
- Efter pip:
- 1 kopp fryst smör, tärnat

FYLLNING:
- 1 päron
- 1 ⅓ koppar färskost

FÖR GLASYR:
- 1 ägg

INSTRUKTIONER:
a) Knåda degen i en brödmaskin. Ta ut den, slå in den med en köksfilm och ställ in den i kylen över natten.
b) Innan du börjar tillaga bullarna, lägg degen på en varm plats i 1 timme.
c) Skär sedan degen i 12 lika delar. Nyp en liten bit deg av var och en av delarna.
d) Forma de stora och små degbitarna till sfärer.
e) Placera de stora sfärerna i smörade muffinsbakningsformar och tryck fingret mot mitten av deras toppar för att göra en lite djupare.
f) Skala och finhacka 1 päron och blanda med mjukost. Gör en fördjupning i den stora degkulan, lägg fyllningen inuti fördjupningen och täck över den med den lilla kulan.
g) Täck med en handduk och låt vila i 1 timme och jäsa.
h) Värm ugnen till 350 grader F (180 grader C).
i) Pensla ytan på dina briocher med ett vispat ägg.
j) Grädda i den förvärmda ugnen tills de är gyllenbruna i 15-20 minuter.
k) Kyl ner briochen på gallret.

63.Soltorkad tomat och mozzarella brioche

INGREDIENSER:
- 1/2 kopp mjölk
- 5 ägg
- 1/3 kopp socker
- 3 1/2 koppar universalmjöl
- 1 1/2 tsk aktiv torrjäst
- 1/2 tsk salt
- 1 dl riven mozzarellaost
- 1/2 kopp soltorkade tomater (hackade)
- 1 tsk torkad oregano
- 1 kopp fryst smör, tärnat
- 1 ägg (för glasyr)

INSTRUKTIONER:
a) I en brödmaskin, kombinera mjölk, ägg, socker, mjöl, jäst och salt.
b) Efter den första knådningen, tillsätt tärnat fryst smör. Låt brödmaskinen slutföra degcykeln.
c) Ta ut degen, slå in den med hushållsfilm och ställ i kylen över natten.
d) Innan bakning, låt degen vila på en varm plats i 1 timme. Dela i 12 delar.
e) Forma stora degdelar till sfärer och lägg dem i smörade muffinsbakningsformar.
f) Tryck på mitten av varje stor sfär för att skapa en fördjupning.
g) Blanda strimlad mozzarella med hackade soltorkade tomater och torkad oregano.
h) Fyll fördjupningen av varje degkula med mozzarella-, soltorkad tomat- och oreganoblandning.
i) Täck med en handduk och låt den vila ytterligare en timme för att jäsa.
j) Värm ugnen till 350°F (180°C).
k) Vispa ett ägg och pensla ytan på varje brioche med äggtvätt.
l) Grädda i 15-20 minuter eller tills de är gyllenbruna.
m) Kyl den soltorkade tomaten och mozzarellabriochen på galler.

64. Parmesan och vitlök briocheknutar

INGREDIENSER:

- 1/2 kopp mjölk
- 5 ägg
- 1/3 kopp socker
- 3 1/2 koppar universalmjöl
- 1 1/2 tsk aktiv torrjäst
- 1/2 tsk salt
- 1 dl riven parmesanost
- 3 vitlöksklyftor (hackad)
- 2 msk färsk persilja (hackad)
- 1 kopp fryst smör, tärnat
- 1 ägg (för glasyr)

INSTRUKTIONER:

a) I en brödmaskin, kombinera mjölk, ägg, socker, mjöl, jäst och salt.
b) Efter den första knådningen, tillsätt tärnat fryst smör. Låt brödmaskinen slutföra degcykeln.
c) Ta ut degen, slå in den med hushållsfilm och ställ i kylen över natten.
d) Innan bakning, låt degen vila på en varm plats i 1 timme. Dela i 12 delar.
e) Forma varje portion till knutar för en unik twist och lägg dem på en bakplåt.
f) Blanda riven parmesan, hackad vitlök och hackad färsk persilja i en skål.
g) Rulla varje knut i parmesan-, vitlöks- och persiljeblandningen, se till att de är väl belagda.
h) Täck med en handduk och låt den vila ytterligare en timme för att jäsa.
i) Värm ugnen till 350°F (180°C).
j) Vispa ett ägg och pensla ytan på varje briocheknuta med äggtvätt.
k) Grädda i 15-20 minuter eller tills de är gyllenbruna.
l) Kyl ner parmesan- och vitlöksknutarna på ett galler.

65. Bacon och Cheddar fylld brioche

INGREDIENSER:

- 1/2 kopp mjölk
- 5 ägg
- 1/3 kopp socker
- 3 1/2 koppar universalmjöl
- 1 1/2 tsk aktiv torrjäst
- 1/2 tsk salt
- 1 kopp kokt och smulat bacon
- 1 dl riven cheddarost
- 1 kopp fryst smör, tärnat
- 1 ägg (för glasyr)

INSTRUKTIONER:

a) I en brödmaskin, kombinera mjölk, ägg, socker, mjöl, jäst och salt.
b) Efter den första knådningen, tillsätt tärnat fryst smör. Låt brödmaskinen slutföra degcykeln.
c) Ta ut degen, slå in den med hushållsfilm och ställ i kylen över natten.
d) Innan bakning, låt degen vila på en varm plats i 1 timme. Dela i 12 delar.
e) Forma stora degdelar till sfärer och lägg dem i smörade muffinsbakningsformar.
f) Tryck på mitten av varje stor sfär för att skapa en fördjupning.
g) Blanda kokt och smulat bacon med strimlad cheddar.
h) Fyll fördjupningen av varje degkula med bacon- och cheddarblandningen.
i) Täck med en handduk och låt den vila ytterligare en timme för att jäsa.
j) Värm ugnen till 350°F (180°C).
k) Vispa ett ägg och pensla ytan på varje brioche med äggtvätt.
l) Grädda i 15-20 minuter eller tills de är gyllenbruna.
m) Kyl bacon- och cheddarfylld brioche på galler.

66. Jalapeño och Pepper Jack Brioche Rolls

INGREDIENSER:
- 1/2 kopp mjölk
- 5 ägg
- 1/3 kopp socker
- 3 1/2 koppar universalmjöl
- 1 1/2 tsk aktiv torrjäst
- 1/2 tsk salt
- 1 kopp strimlad Pepper Jack ost
- 1/2 kopp inlagda jalapeños (hackad)
- 1 kopp fryst smör, tärnat
- 1 ägg (för glasyr)

INSTRUKTIONER:
a) I en brödmaskin, kombinera mjölk, ägg, socker, mjöl, jäst och salt.
b) Efter den första knådningen, tillsätt tärnat fryst smör. Låt brödmaskinen slutföra degcykeln.
c) Ta ut degen, slå in den med hushållsfilm och ställ i kylen över natten.
d) Innan bakning, låt degen vila på en varm plats i 1 timme. Dela i 12 delar.
e) Forma stora degdelar till sfärer och lägg dem i smörade muffinsbakningsformar.
f) Tryck på mitten av varje stor sfär för att skapa en fördjupning.
g) Blanda strimlad Pepper Jack cheese med hackad inlagd jalapeños.
h) Fyll fördjupningen av varje degkula med jalapeño och ostblandningen.
i) Täck med en handduk och låt den vila ytterligare en timme för att jäsa.
j) Värm ugnen till 350°F (180°C).
k) Vispa ett ägg och pensla ytan på varje brioche med äggtvätt.
l) Grädda i 15-20 minuter eller tills de är gyllenbruna.
m) Kyl Jalapeño och Pepper Jack Brioche Rolls på ett galler.

67. Gouda och örtbrioche

INGREDIENSER:

- 1/2 kopp mjölk
- 5 ägg
- 1/3 kopp socker
- 3 1/2 koppar universalmjöl
- 1 1/2 tsk aktiv torrjäst
- 1/2 tsk salt
- 1 kopp strimlad Goudaost
- 1 kopp fryst smör, tärnat
- 1 ägg (för glasyr)
- 1 msk blandade örter

INSTRUKTIONER:

a) I en brödmaskin, kombinera mjölk, ägg, socker, mjöl, jäst och salt.
b) Efter den första knådningen, tillsätt tärnat fryst smör. Låt brödmaskinen slutföra degcykeln.
c) Ta ut degen, slå in den med hushållsfilm och ställ i kylen över natten.
d) Innan bakning, låt degen vila på en varm plats i 1 timme. Dela i 12 delar.
e) Forma stora degdelar till sfärer och lägg dem i smörade muffinsbakningsformar.
f) Tryck på mitten av varje stor sfär för att skapa en fördjupning.
g) Blanda strimlad Gouda med blandade örter och fyll fördjupningen med blandningen.
h) Täck med en handduk och låt den vila ytterligare en timme för att jäsa.
i) Värm ugnen till 350°F (180°C).
j) Pensla ytan på varje brioche med ett uppvispat ägg.
k) Grädda i 15-20 minuter eller tills de är gyllenbruna.
l) Kyl briochen på galler.

68. Blåmögelost och valnötsbrioche

INGREDIENSER:
- 1/2 kopp mjölk
- 5 ägg
- 1/3 kopp socker
- 3 1/2 koppar universalmjöl
- 1 1/2 tsk aktiv torrjäst
- 1/2 tsk salt
- 1 kopp ädelost
- 1 kopp fryst smör, tärnat
- 1 dl hackade valnötter
- 1 ägg (för glasyr)

INSTRUKTIONER:
a) I en brödmaskin, kombinera mjölk, ägg, socker, mjöl, jäst och salt.
b) Efter den första knådningen, tillsätt tärnat fryst smör. Låt brödmaskinen slutföra degcykeln.
c) Ta ut degen, slå in den med hushållsfilm och ställ i kylen över natten.
d) Innan bakning, låt degen vila på en varm plats i 1 timme. Dela i 12 delar.
e) Forma stora degdelar till sfärer och lägg dem i smörade muffinsbakningsformar.
f) Tryck på mitten av varje stor sfär för att skapa en fördjupning.
g) Smula ädelosten och blanda den med hackade valnötter.
h) Fyll fördjupningen av varje degkula med ädelost- och valnötsblandningen.
i) Täck med en handduk och låt den vila ytterligare en timme för att jäsa.
j) Värm ugnen till 350°F (180°C).
k) Vispa ett ägg och pensla ytan på varje brioche med äggtvätt.
l) Grädda i 15-20 minuter eller tills de är gyllenbruna.
m) Kyl ädelost- och valnötsbriochen på galler.

NÖTTIG BRIOSCH

69. Söt brioche med russin och mandel

INGREDIENSER:
- 1 uns färsk jäst
- 4 uns mjölk; kokas och kyls till ljummen
- ½ uns fint salt
- 18 uns mjöl
- 6 ägg
- 12 uns smör
- 3 uns socker
- 7 uns russin
- 3 matskedar rom
- 4 uns hela mandlar; skinnad och mycket lätt rostad
- 1 äggula blandad med:
- 1 matsked Mjölk
- Smör till formen
- Florsocker (florsocker) för att pudra

INSTRUKTIONER:
a) Lägg jästen och mjölken i bunken med din mixer och vispa lätt. Tillsätt saltet, sedan mjölet och äggen. Sätt på mixern på medelhastighet och arbeta blandningen med degkroken i cirka 10 minuter, tills degen är smidig och elastisk med mycket kropp.
b) Blanda ihop smör och socker, sänk hastigheten på mixern till låg och tillsätt smörblandningen i degen, lite i taget, arbeta degen kontinuerligt.
c) När allt smör är inkorporerat, öka hastigheten och mixa i 8 till 10 minuter i mixern eller ca 15 minuter för hand, tills degen är väldigt smidig och glansig. Den ska vara smidig och ganska elastisk och kommer bort från skålens sidor.
d) Täck degen med en bakduk och låt den stå på en varm plats, ca 75F i 2 timmar, tills den har fördubblats i bulk.
e) Slå tillbaka degen genom att slå den med näven inte mer än 2 eller 3 gånger. Täck den med en bakplåt och ställ i kylen i minst 4 timmar, men inte ensamvarv än 24 timmar.
f) Beredning, russin: Lägg russinen i en skål med romen, täck med hushållsfilm och låt jäsa i flera timmar.

GJUTNING:
g) Smöra rejält i formen och lägg en tredjedel av mandeln i botten av åsarna.
h) Kavla ut den kylda degen på en lätt mjölad yta till en smal rektangel som är tillräckligt lång för att täcka botten av formen.
i) Hacka resterande mandlar och strö ut dem och de romindränkta russinen över degen.
j) Kavla ut degen till en fet korvform, tryck ihop den ordentligt. Ordna den runt botten av formen och tryck ner lätt.
k) Täta ihop de två kanterna med en mycket liten äggula-mjölkblandning. Lämna på en varm plats. ca 77F i ca 2½ timme, tills degen har jäst till tre fjärdedelar, fyll formen.
l) Värm ugnen till 425F.
m) Grädda briochen i den förvärmda ugnen i 10 minuter, sänk sedan temperaturen till 400F och koka i ytterligare 35 minuter. Om den börjar bli brun mot slutet, täck den med smörpapper.
n) Vänd upp den varma briochen på ett galler, ta försiktigt bort formen och sätt tillbaka den i ugnen i 5 minuter så att mitten är färdiglagad och får lätt färg. Låt stå kallt i minst 2 timmar innan servering.
o) Servering: Strö lätt över florsocker.

70. Nötig Pecan Caramel Brioche

INGREDIENSER:
- 1/2 kopp mjölk
- 5 ägg
- 1/3 kopp socker
- 3 1/2 koppar universalmjöl
- 1 1/2 tsk aktiv torrjäst
- 1/2 tsk salt
- 1 dl hackade pekannötter
- 1 kopp fryst smör, tärnat
- 1/2 kopp kolasås
- 1 ägg (för glasyr)

INSTRUKTIONER:
a) I en brödmaskin, kombinera mjölk, ägg, socker, mjöl, jäst och salt.
b) Efter den första knådningen, tillsätt tärnat fryst smör.
c) Låt brödmaskinen slutföra degcykeln.
d) Ta ut degen, slå in den med hushållsfilm och ställ i kylen över natten.
e) Innan bakning, låt degen vila på en varm plats i 1 timme.
f) Dela degen i 12 lika delar.
g) Forma stora degdelar till sfärer och lägg dem i smörade muffinsbakningsformar.
h) Blanda ner hackade pekannötter i degen.
i) Forma degen till 12 delar och lägg dem i smörade muffinsbakningsformar.
j) Tryck på mitten av varje stor sfär för att skapa en fördjupning.
k) Fyll fördjupningen med en klick kolasås.
l) Täck med en handduk och låt den vila ytterligare en timme för att jäsa.
m) Värm ugnen till 350°F (180°C).
n) Vispa ett ägg och pensla ytan på varje brioche med äggtvätt.
o) Grädda i 15-20 minuter eller tills de är gyllenbruna.
p) Kyl nötig Pecan Caramel Brioche på galler.

71.Mandel- och honungsbriochrullar

INGREDIENSER:

- 1/2 kopp mjölk
- 5 ägg
- 1/3 kopp socker
- 3 1/2 koppar universalmjöl
- 1 1/2 tsk aktiv torrjäst
- 1/2 tsk salt
- 1 kopp skivad mandel
- 1 kopp fryst smör, tärnat
- 1/4 kopp honung
- 1 ägg (för glasyr)

INSTRUKTIONER:

a) I en brödmaskin, kombinera mjölk, ägg, socker, mjöl, jäst och salt.
b) Efter den första knådningen, tillsätt tärnat fryst smör.
c) Låt brödmaskinen slutföra degcykeln.
d) Ta ut degen, slå in den med hushållsfilm och ställ i kylen över natten.
e) Innan bakning, låt degen vila på en varm plats i 1 timme.
f) Dela degen i 12 lika delar.
g) Forma stora degdelar till sfärer och lägg dem i smörade muffinsbakningsformar.
h) Blanda ner skivad mandel i degen.
i) Forma degen till 12 delar och lägg dem i smörade muffinsbakningsformar.
j) Tryck på mitten av varje stor sfär för att skapa en fördjupning.
k) Ringla lite honung i fördjupningen av varje brioche.
l) Täck med en handduk och låt den vila ytterligare en timme för att jäsa.
m) Värm ugnen till 350°F (180°C).
n) Vispa ett ägg och pensla ytan på varje brioche med äggtvätt.
o) Grädda i 15-20 minuter eller tills de är gyllenbruna.
p) Kyl mandel- och honungsbriocherullarna på galler.

72. Valnöt och lönnsirap Brioche Knots

INGREDIENSER:

- 1/2 kopp mjölk
- 5 ägg
- 1/3 kopp socker
- 3 1/2 koppar universalmjöl
- 1 1/2 tsk aktiv torrjäst
- 1/2 tsk salt
- 1 kopp hackade valnötter
- 1 kopp fryst smör, tärnat
- 1/2 kopp lönnsirap
- 1 ägg (för glasyr)

INSTRUKTIONER:

a) I en brödmaskin, kombinera mjölk, ägg, socker, mjöl, jäst och salt.
b) Efter den första knådningen, tillsätt tärnat fryst smör.
c) Låt brödmaskinen slutföra degcykeln.
d) Ta ut degen, slå in den med hushållsfilm och ställ i kylen över natten.
e) Innan bakning, låt degen vila på en varm plats i 1 timme.
f) Dela degen i 12 lika delar.
g) Forma stora degdelar till sfärer och lägg dem i smörade muffinsbakningsformar.
h) Blanda ner hackade valnötter i degen.
i) Forma degen till knutar och lägg dem på en plåt.
j) Ringla lönnsirap över varje briocheknuta.
k) Täck med en handduk och låt den vila ytterligare en timme för att jäsa.
l) Värm ugnen till 350°F (180°C).
m) Vispa ett ägg och pensla ytan på varje briocheknuta med äggtvätt.
n) Grädda i 15-20 minuter eller tills de är gyllenbruna.
o) Kyl valnöts- och lönnsirapsbrocheknutarna på galler.

73. Hasselnöt Chocolate Chip Brioche Swirls

INGREDIENSER:

- 1/2 kopp mjölk
- 5 ägg
- 1/3 kopp socker
- 3 1/2 koppar universalmjöl
- 1 1/2 tsk aktiv torrjäst
- 1/2 tsk salt
- 1 dl hackade hasselnötter
- 1 kopp fryst smör, tärnat
- 1/2 kopp chokladchips
- 1 ägg (för glasyr)

INSTRUKTIONER:

a) I en brödmaskin, kombinera mjölk, ägg, socker, mjöl, jäst och salt.
b) Efter den första knådningen, tillsätt tärnat fryst smör.
c) Låt brödmaskinen slutföra degcykeln.
d) Ta ut degen, slå in den med hushållsfilm och ställ i kylen över natten.
e) Innan bakning, låt degen vila på en varm plats i 1 timme.
f) Dela degen i 12 lika delar.
g) Forma stora degdelar till sfärer och lägg dem i smörade muffinsbakningsformar.
h) Blanda ner hackade hasselnötter och chokladchips i degen.
i) Kavla ut degen till en rektangel och strö över nöt- och chokladblandningen jämnt.
j) Rulla degen till en stock och skiva den i 12 rundlar.
k) Lägg rundlarna i smörade muffinsbakningsformar.
l) Täck med en handduk och låt den vila ytterligare en timme för att jäsa.
m) Värm ugnen till 350°F (180°C).
n) Vispa ett ägg och pensla ytan på varje briochevirvel med äggsköljningen.
o) Grädda i 15-20 minuter eller tills de är gyllenbruna.
p) Kyl hasselnötschokladchipsbriochen på ett galler.

74. Cashew och apelsinzest Brioche

INGREDIENSER:

- 1/2 kopp mjölk
- 5 ägg
- 1/3 kopp socker
- 3 1/2 koppar universalmjöl
- 1 1/2 tsk aktiv torrjäst
- 1/2 tsk salt
- 1 dl hackade cashewnötter
- 1 kopp fryst smör, tärnat
- Skal av 2 apelsiner
- 1 ägg (för glasyr)

INSTRUKTIONER:

a) I en brödmaskin, kombinera mjölk, ägg, socker, mjöl, jäst och salt.
b) Efter den första knådningen, tillsätt tärnat fryst smör.
c) Låt brödmaskinen slutföra degcykeln.
d) Ta ut degen, slå in den med hushållsfilm och ställ i kylen över natten.
e) Innan bakning, låt degen vila på en varm plats i 1 timme.
f) Dela degen i 12 lika delar.
g) Forma stora degdelar till sfärer och lägg dem i smörade muffinsbakningsformar.
h) Blanda ner hackade cashewnötter och apelsinskal i degen.
i) Forma degen till 12 delar och lägg dem i smörade muffinsbakningsformar.
j) Tryck på mitten av varje stor sfär för att skapa en fördjupning.
k) Täck med en handduk och låt den vila ytterligare en timme för att jäsa.
l) Värm ugnen till 350°F (180°C).
m) Vispa ett ägg och pensla ytan på varje brioche med äggtvätt.
n) Grädda i 15-20 minuter eller tills de är gyllenbruna.
o) Kyl cashew- och apelsinskalbriochen på galler.

75. Pistage- och hallonsylt Briocheknutar

INGREDIENSER:
- 1/2 kopp mjölk
- 5 ägg
- 1/3 kopp socker
- 3 1/2 koppar universalmjöl
- 1 1/2 tsk aktiv torrjäst
- 1/2 tsk salt
- 1 dl hackade pistagenötter
- 1 kopp fryst smör, tärnat
- Hallonsylt
- 1 ägg (för glasyr)

INSTRUKTIONER:
a) I en brödmaskin, kombinera mjölk, ägg, socker, mjöl, jäst och salt.
b) Efter den första knådningen, tillsätt tärnat fryst smör.
c) Låt brödmaskinen slutföra degcykeln.
d) Ta ut degen, slå in den med hushållsfilm och ställ i kylen över natten.
e) Innan bakning, låt degen vila på en varm plats i 1 timme.
f) Dela degen i 12 lika delar.
g) Forma stora degdelar till sfärer och lägg dem i smörade muffinsbakningsformar.
h) Blanda ner hackade pistagenötter i degen.
i) Forma degen till knutar och lägg dem på en plåt.
j) Gör en liten fördjupning i varje knut och fyll den med hallonsylt.
k) Täck med en handduk och låt den vila ytterligare en timme för att jäsa.
l) Värm ugnen till 350°F (180°C).
m) Vispa ett ägg och pensla ytan på varje briocheknuta med äggtvätt.
n) Grädda i 15-20 minuter eller tills de är gyllenbruna.
o) Kyl ner Pistage- och Hallonsylt Brioche Knots på ett galler.

76. Macadamianötter och kokosnötsbriocher

INGREDIENSER:
- 1/2 kopp mjölk
- 5 ägg
- 1/3 kopp socker
- 3 1/2 koppar universalmjöl
- 1 1/2 tsk aktiv torrjäst
- 1/2 tsk salt
- 1 dl hackade macadamianötter
- 1 kopp fryst smör, tärnat
- 1/2 dl riven kokos
- 1 ägg (för glasyr)

INSTRUKTIONER:
a) I en brödmaskin, kombinera mjölk, ägg, socker, mjöl, jäst och salt.
b) Efter den första knådningen, tillsätt tärnat fryst smör.
c) Låt brödmaskinen slutföra degcykeln.
d) Ta ut degen, slå in den med hushållsfilm och ställ i kylen över natten.
e) Innan bakning, låt degen vila på en varm plats i 1 timme.
f) Dela degen i 12 lika delar.
g) Forma stora degdelar till sfärer och lägg dem i smörade muffinsbakningsformar.
h) Blanda ner hackade macadamianötter och strimlad kokos i degen.
i) Kavla ut degen till en rektangel och strö över nöt- och kokosblandningen jämnt.
j) Rulla degen till en stock och skiva den i 12 rundlar.
k) Lägg rundlarna i smörade muffinsbakningsformar.
l) Täck med en handduk och låt den vila ytterligare en timme för att jäsa.
m) Värm ugnen till 350°F (180°C).
n) Vispa ett ägg och pensla ytan på varje briochevirvel med äggsköljningen.
o) Grädda i 15-20 minuter eller tills de är gyllenbruna.
p) Kyl ner macadamianötter och kokosbriocher på ett galler.

77. Hasselnöt och Espresso Glaze Brioche

INGREDIENSER:
- 1/2 kopp mjölk
- 5 ägg
- 1/3 kopp socker
- 3 1/2 koppar universalmjöl
- 1 1/2 tsk aktiv torrjäst
- 1/2 tsk salt
- 1 dl hackade hasselnötter
- 1 kopp fryst smör, tärnat
- 1/4 kopp stark bryggd espresso
- 1 kopp strösocker
- 1 ägg (för glasyr)

INSTRUKTIONER:
a) I en brödmaskin, kombinera mjölk, ägg, socker, mjöl, jäst och salt.
b) Efter den första knådningen, tillsätt tärnat fryst smör.
c) Låt brödmaskinen slutföra degcykeln.
d) Ta ut degen, slå in den med hushållsfilm och ställ i kylen över natten.
e) Innan bakning, låt degen vila på en varm plats i 1 timme.
f) Dela degen i 12 lika delar.
g) Forma stora degdelar till sfärer och lägg dem i smörade muffinsbakningsformar.
h) Blanda ner hackade hasselnötter i degen.
i) Forma degen till 12 delar och lägg dem i smörade muffinsbakningsformar.
j) Tryck på mitten av varje stor sfär för att skapa en fördjupning.
k) Täck med en handduk och låt den vila ytterligare en timme för att jäsa.
l) Värm ugnen till 350°F (180°C).
m) Vispa ett ägg och pensla ytan på varje brioche med äggtvätt.
n) Grädda i 15-20 minuter eller tills de är gyllenbruna.
o) Kyl hasselnöts- och espressoglasyrbriochen på galler.

BLOMMA BRIOSCH

78. Lavendel majsmjöl brioche

INGREDIENSER:

- 4 koppar vit; oblekt mjöl
- 1 kopp majsmjöl
- 1 tsk salt
- 1 tsk lavendel
- 8 uns varm fettfri mjölk; uppvärmd till 85 grader
- 1 msk färsk jäst
- 1 matsked honung
- 2 hela ägg; slagen

INSTRUKTIONER:

a) Tillsätt jäst i vattnet och honung och låt det stå på en varm plats tills det skummar, tillsätt sedan de vispade äggen.
b) Blanda våta och torra ingredienser och knåda i 8 minuter. Ställ på en varm plats och låt degen jäsa tills den fördubblats i volym.
c) Slå sedan ner och forma till önskad form. Låt degblandningen jäsa igen tills den har dubbelt så stor storlek och grädda i 350 grader i 25-30 minuter.
d) Gräddningstiden varierar beroende på formen och storleken på brödet.
e) Det görs när det ser ljusbrunt ut och låter ihåligt när det knackas.

79. Lavendel honung brioche

INGREDIENSER:
- 1/2 kopp mjölk
- 5 ägg
- 1/3 kopp socker
- 3 1/2 koppar universalmjöl
- 1 1/2 tsk aktiv torrjäst
- 1/2 tsk salt
- 2 matskedar torkade lavendelblommor (kulinarisk kvalitet)
- 1 kopp fryst smör, tärnat
- 1/4 kopp honung
- 1 ägg (för glasyr)

INSTRUKTIONER:
a) I en brödmaskin, kombinera mjölk, ägg, socker, mjöl, jäst och salt.
b) Efter den första knådningen, tillsätt tärnat fryst smör och torkade lavendelblommor.
c) Låt brödmaskinen slutföra degcykeln.
d) Ta ut degen, slå in den med hushållsfilm och ställ i kylen över natten.
e) Innan bakning, låt degen vila på en varm plats i 1 timme. Dela i 12 delar.
f) Forma stora degdelar till sfärer och lägg dem i smörade muffinsbakningsformar.
g) Tryck på mitten av varje stor sfär för att skapa en fördjupning.
h) Ringla honung i fördjupningen av varje brioche.
i) Täck med en handduk och låt den vila ytterligare en timme för att jäsa.
j) Värm ugnen till 350°F (180°C).
k) Vispa ett ägg och pensla ytan på varje brioche med äggtvätt.
l) Grädda i 15-20 minuter eller tills de är gyllenbruna.
m) Kyl lavendelhonungsbriochen på galler.

80.Rosenblad och Kardemumma Brioche Knots

INGREDIENSER:
- 1/2 kopp mjölk
- 5 ägg
- 1/3 kopp socker
- 3 1/2 koppar universalmjöl
- 1 1/2 tsk aktiv torrjäst
- 1/2 tsk salt
- Kronblad från 2 ekologiska rosor (tvättade och finhackade)
- 1 kopp fryst smör, tärnat
- 1 tsk mald kardemumma
- 1 ägg (för glasyr)

INSTRUKTIONER:
a) I en brödmaskin, kombinera mjölk, ägg, socker, mjöl, jäst och salt.
b) Efter den första knådningen, tillsätt tärnat fryst smör.
c) Låt brödmaskinen slutföra degcykeln.
d) Ta ut degen, slå in den med hushållsfilm och ställ i kylen över natten.
e) Innan bakning, låt degen vila på en varm plats i 1 timme.
f) Dela degen i 12 lika delar.
g) Forma stora degdelar till sfärer och lägg dem i smörade muffinsbakningsformar.
h) Blanda ner hackade rosenblad och mald kardemumma i degen.
i) Forma degen till knutar och lägg dem på en plåt.
j) Täck med en handduk och låt den vila ytterligare en timme för att jäsa.
k) Värm ugnen till 350°F (180°C).
l) Vispa ett ägg och pensla ytan på varje briocheknuta med äggtvätt.
m) Grädda i 15-20 minuter eller tills de är gyllenbruna.
n) Kyl rosenblad och kardemumma Brioche Knots på ett galler.

81. Apelsinblommor och pistagebriocher virvlar runt

INGREDIENSER:
- 1/2 kopp mjölk
- 5 ägg
- 1/3 kopp socker
- 3 1/2 koppar universalmjöl
- 1 1/2 tsk aktiv torrjäst
- 1/2 tsk salt
- 1/4 kopp hackade pistagenötter
- 1 kopp fryst smör, tärnat
- 1 tsk apelsinblomvatten
- 1 ägg (för glasyr)

INSTRUKTIONER:
a) I en brödmaskin, kombinera mjölk, ägg, socker, mjöl, jäst och salt.
b) Efter den första knådningen, tillsätt tärnat fryst smör.
c) Låt brödmaskinen slutföra degcykeln.
d) Ta ut degen, slå in den med hushållsfilm och ställ i kylen över natten.
e) Innan bakning, låt degen vila på en varm plats i 1 timme.
f) Dela degen i 12 lika delar.
g) Forma stora degdelar till sfärer och lägg dem i smörade muffinsbakningsformar.
h) Blanda ner hackade pistagenötter och apelsinblomsvatten i degen.
i) Kavla ut degen till en rektangel och strö över pistageblandningen jämnt.
j) Rulla degen till en stock och skiva den i 12 rundlar.
k) Lägg rundlarna i smörade muffinsbakningsformar.
l) Täck med en handduk och låt den vila ytterligare en timme för att jäsa.
m) Värm ugnen till 350°F (180°C).
n) Vispa ett ägg och pensla ytan på varje briochevirvel med äggsköljningen.
o) Grädda i 15-20 minuter eller tills de är gyllenbruna.
p) Kyl apelsinblommor och pistagebriocher på ett galler.

82. Kamomill och citronskal brioche

INGREDIENSER:
- 1/2 kopp mjölk
- 5 ägg
- 1/3 kopp socker
- 3 1/2 koppar universalmjöl
- 1 1/2 tsk aktiv torrjäst
- 1/2 tsk salt
- 2 matskedar torkade kamomillblommor (kulinarisk kvalitet)
- Skal av 2 citroner
- 1 kopp fryst smör, tärnat
- 1 ägg (för glasyr)

INSTRUKTIONER:
a) I en brödmaskin, kombinera mjölk, ägg, socker, mjöl, jäst och salt.
b) Efter den första knådningen, tillsätt tärnat fryst smör, torkade kamomillblommor och citronskal.
c) Låt brödmaskinen slutföra degcykeln.
d) Ta ut degen, slå in den med hushållsfilm och ställ i kylen över natten.
e) Innan bakning, låt degen vila på en varm plats i 1 timme. Dela i 12 delar.
f) Forma stora degdelar till sfärer och lägg dem i smörade muffinsbakningsformar.
g) Tryck på mitten av varje stor sfär för att skapa en fördjupning.
h) Täck med en handduk och låt den vila ytterligare en timme för att jäsa.
i) Värm ugnen till 350°F (180°C).
j) Vispa ett ägg och pensla ytan på varje brioche med äggtvätt.
k) Grädda i 15-20 minuter eller tills de är gyllenbruna.
l) Kyl ner kamomill- och citronskalsbriochen på galler.

83. Jasminte och persikabriocherullar

INGREDIENSER:
- 1/2 kopp mjölk
- 5 ägg
- 1/3 kopp socker
- 3 1/2 koppar universalmjöl
- 1 1/2 tsk aktiv torrjäst
- 1/2 tsk salt
- 2 msk jasmin teblad (lösa eller från tepåsar)
- 1 kopp fryst smör, tärnat
- 1 kopp tärnade färska persikor
- 1 ägg (för glasyr)

INSTRUKTIONER:
a) I en brödmaskin, kombinera mjölk, ägg, socker, mjöl, jäst och salt.
b) Efter den första knådningen, tillsätt tärnat fryst smör.
c) Låt brödmaskinen slutföra degcykeln.
d) Ta ut degen, slå in den med hushållsfilm och ställ i kylen över natten.
e) Innan bakning, låt degen vila på en varm plats i 1 timme.
f) Dela degen i 12 lika delar.
g) Forma stora degdelar till sfärer och lägg dem i smörade muffinsbakningsformar.
h) Blanda ner jasminteblad i degen.
i) Forma degen till 12 delar och lägg dem i smörade muffinsbakningsformar.
j) Tryck på mitten av varje stor sfär för att skapa en fördjupning.
k) Fyll fördjupningen med tärnade färska persikor.
l) Täck med en handduk och låt den vila ytterligare en timme för att jäsa.
m) Värm ugnen till 350°F (180°C).
n) Vispa ett ägg och pensla ytan på varje brioche med äggtvätt.
o) Grädda i 15-20 minuter eller tills de är gyllenbruna.
p) Kyl Jasminte- och persikabriocherullarna på ett galler.

84. Hibiscus och Berry Brioche Knots

INGREDIENSER:
- 1/2 kopp mjölk
- 5 ägg
- 1/3 kopp socker
- 3 1/2 koppar universalmjöl
- 1 1/2 tsk aktiv torrjäst
- 1/2 tsk salt
- 2 matskedar torkade hibiskusblommor (kulinarisk kvalitet)
- 1 kopp fryst smör, tärnat
- 1 dl blandade bär (jordgubbar, blåbär, hallon)
- 1 ägg (för glasyr)

INSTRUKTIONER:
a) I en brödmaskin, kombinera mjölk, ägg, socker, mjöl, jäst och salt.
b) Efter den första knådningen, tillsätt tärnat fryst smör.
c) Låt brödmaskinen slutföra degcykeln.
d) Ta ut degen, slå in den med hushållsfilm och ställ i kylen över natten.
e) Innan bakning, låt degen vila på en varm plats i 1 timme.
f) Dela degen i 12 lika delar.
g) Forma stora degdelar till sfärer och lägg dem i smörade muffinsbakningsformar.
h) Blanda ner torkade hibiskusblommor i degen.
i) Forma degen till knutar och lägg dem på en plåt.
j) Tryck till mitten av varje knut och fyll den med blandade bär.
k) Täck med en handduk och låt den vila ytterligare en timme för att jäsa.
l) Värm ugnen till 350°F (180°C).
m) Vispa ett ägg och pensla ytan på varje briocheknuta med äggtvätt.
n) Grädda i 15-20 minuter eller tills de är gyllenbruna.
o) Kyl ner Hibiscus och Berry Brioche Knots på galler.

85. Violett och citronbroche virvlar

INGREDIENSER:
- 1/2 kopp mjölk
- 5 ägg
- 1/3 kopp socker
- 3 1/2 koppar universalmjöl
- 1 1/2 tsk aktiv torrjäst
- 1/2 tsk salt
- 2 matskedar torkade violetta kronblad (kulinarisk kvalitet)
- Skal av 2 citroner
- 1 kopp fryst smör, tärnat
- 1 ägg (för glasyr)

INSTRUKTIONER:
a) I en brödmaskin, kombinera mjölk, ägg, socker, mjöl, jäst och salt.
b) Efter den första knådningen, tillsätt tärnat fryst smör.
c) Låt brödmaskinen slutföra degcykeln.
d) Ta ut degen, slå in den med hushållsfilm och ställ i kylen över natten.
e) Innan bakning, låt degen vila på en varm plats i 1 timme.
f) Dela degen i 12 lika delar.
g) Forma stora degdelar till sfärer och lägg dem i smörade muffinsbakningsformar.
h) Blanda ner torkade violblad och citronskal i degen.
i) Kavla ut degen till en rektangel och strö över blomblandningen jämnt.
j) Rulla degen till en stock och skiva den i 12 rundlar.
k) Lägg rundlarna i smörade muffinsbakningsformar.
l) Täck med en handduk och låt den vila ytterligare en timme för att jäsa.
m) Värm ugnen till 350°F (180°C).
n) Vispa ett ägg och pensla ytan på varje briochevirvel med äggsköljningen.
o) Grädda i 15-20 minuter eller tills de är gyllenbruna.
p) Kyl viol- och citronbrochevirvlarna på galler.

86.Fläder och blåbär brioche

INGREDIENSER:
- 1/2 kopp mjölk
- 5 ägg
- 1/3 kopp socker
- 3 1/2 koppar universalmjöl
- 1 1/2 tsk aktiv torrjäst
- 1/2 tsk salt
- 2 msk fläderblomssirap eller koncentrat
- 1 kopp fryst smör, tärnat
- 1 dl färska blåbär
- 1 ägg (för glasyr)

INSTRUKTIONER:
a) I en brödmaskin, kombinera mjölk, ägg, socker, mjöl, jäst och salt.
b) Efter den första knådningen, tillsätt tärnat fryst smör.
c) Låt brödmaskinen slutföra degcykeln.
d) Ta ut degen, slå in den med hushållsfilm och ställ i kylen över natten.
e) Innan bakning, låt degen vila på en varm plats i 1 timme.
f) Dela degen i 12 lika delar.
g) Forma stora degdelar till sfärer och lägg dem i smörade muffinsbakningsformar.
h) Blanda ner fläderblomssirap eller koncentrat i degen.
i) Forma degen till 12 delar och lägg dem i smörade muffinsbakningsformar.
j) Tryck på mitten av varje stor sfär för att skapa en fördjupning.
k) Fyll fördjupningen med färska blåbär.
l) Täck med en handduk och låt den vila ytterligare en timme för att jäsa.
m) Värm ugnen till 350°F (180°C).
n) Vispa ett ägg och pensla ytan på varje brioche med äggtvätt.
o) Grädda i 15-20 minuter eller tills de är gyllenbruna.
p) Kyl ner fläder- och blåbärsbriochen på galler.

CHALLAH BRIOSCH

87. Brödmaskin Challah

INGREDIENSER:
- 2 stora ägg
- ⅝ kopp ljummet vatten
- 1½ msk majsolja eller annan mild olja
- ½ tsk salt
- 4½ matskedar socker
- 3 koppar brödmjöl
- 2¼ teskedar Rapid-Rise jäst

INSTRUKTIONER:
a) Följ den angivna ordningen för ingredienser, lägg till dem i brödmaskinen i tillverkarens föredragna ordning. Till exempel, med en Hitachi-maskin, börja med våta ingredienser först, men för andra maskiner är det bra att börja med torra ingredienser.
b) Välj degläge på din brödmaskin. Om du använder en Hibachi 1,5 lb-maskin, tillsätt jäst cirka 30 sekunder efter att blandningen börjar. Om du använder andra maskiner kan du lägga jästen ovanpå de torra ingredienserna.
c) När degcykeln är klar, ta bort degen och slå ner den på en mjölad yta. Degen blir lite kladdig och väldigt pölig.
d) Efter att ha vilat några minuter, dela degen i tredjedelar, rulla varje portion till rep och fläta ihop dem.
e) Låt den flätade degen jäsa tills den nästan har fördubblats i storlek, vilket vanligtvis tar cirka 45 minuter. Lägg det flätade brödet på en lätt oljad bakplåt för att jäsa.
f) Värm ugnen till 350°F (175°C). Grädda challahen i cirka 25 minuter eller tills den är gyllenbrun. Du kan valfritt ge den en äggtvätt för en glänsande finish, men bröden ska bruna fint utan.

88.Majonnäs Challah

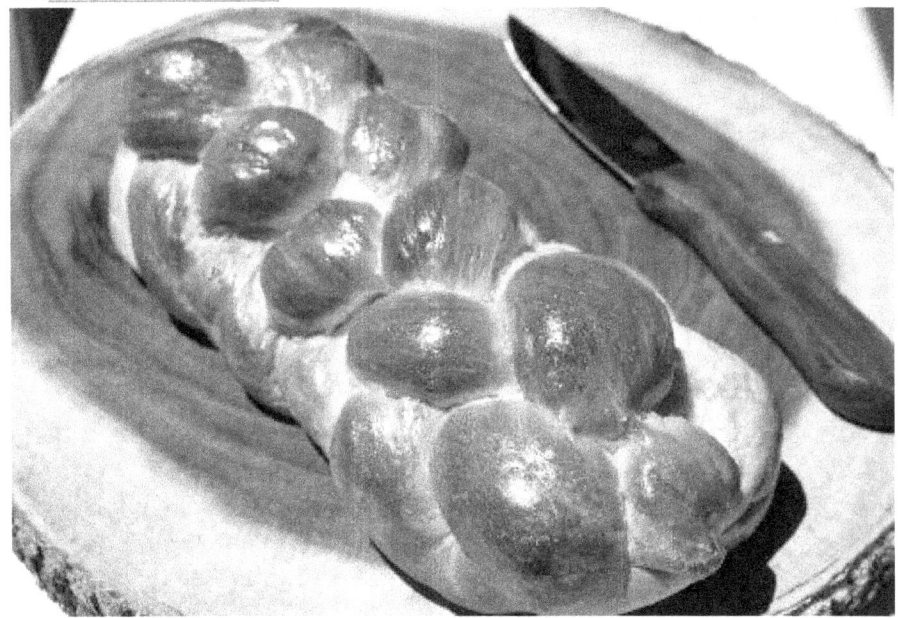

INGREDIENSER:

- 7½ koppar mjöl
- ¼ kopp socker
- 2 förpackningar torrjäst
- 1 tsk salt
- 1½ koppar varmt vatten
- ½ kopp majonnäs (INTE salladsdressing)
- 4 ägg

INSTRUKTIONER:

a) I en blandningsskål, kombinera 2 koppar mjöl, salt, socker och torrjäst.
b) Tillsätt varmt vatten och vispa med en elektrisk mixer på låg hastighet i 2 minuter.
c) Tillsätt ytterligare 2 koppar mjöl, majonnäs och 3 ägg. Vispa med mixern på medelhastighet i ytterligare 2 minuter.
d) Rör i, för hand, tillräckligt med extra mjöl (cirka 3 koppar) för att bilda en smidig och elastisk deg. Knåda degen, tillsätt mer mjöl efter behov för att uppnå önskad konsistens.
e) Lägg degen i en smord skål, täck över den och låt den jäsa tills den är dubbelt så stor.
f) Stansa ner degen och dela den på mitten (eller tredjedelar för mindre bröd). Täck över och låt degen vila i 10 minuter.
g) Dela varje halva i tre långa repliknande bitar. Fläta ihop tre bitar för att bilda en limpa.
h) Lägg den flätade limpan på en smord plåt och pensla den med ett äggsköljmedel med det fjärde ägget. Eventuellt strö över vallmofrön eller annat pålägg.
i) Låt den flätade limpan jäsa tills den har dubbelt så stor.
j) Värm ugnen till 375°F (190°C) och grädda challahen i cirka 30 minuter eller tills den är testad klar och vackert brun.
k) Denna majonnäs Challah fryser bra för framtida bruk.

89. Sexflätad Challah

INGREDIENSER:
- 2 förpackningar Active Dry Yeast
- ¼ till ½ kopp socker
- 1¼ koppar varmt vatten (105 till 115 grader)
- 5 till 6 koppar brödmjöl
- 2 tsk salt
- 3 stora ägg
- ¼ kopp vegetabiliskt matfett
- 1 näve sesam- eller vallmofrön
- Majsmjöl för att pudra

INSTRUKTIONER:
a) I en stor behållare, lös upp jästen och en nypa socker i 1 kopp varmt vatten (105 till 115 grader). Låt stå i 10 minuter.
b) Häll mjölet i en stor skål och tillsätt den upplösta jästblandningen. Rör om med en sked. Tillsätt det återstående sockret, saltet, 2 ägg och grönsaksfettet.
c) Vispa i cirka en minut och blanda sedan för hand. Vänd upp degen på en lätt mjölad yta och knåda i cirka 15 minuter tills den är mjuk, tillsätt mer vatten eller mjöl vid behov. Alternativt kan du använda en degkrok i en mixer för att blanda och knåda.
d) Lägg degen i en lätt smord skål, vänd på den för att säkerställa att hela ytan är lätt smord. Täck skålen med en duk och låt den jäsa på ett varmt ställe (75 till 80 grader) i cirka en timme eller tills degen fördubblats i storlek.
e) Stansa ner degen och dela den i 2 bollar. Dela varje boll i 6 ormliknande bitar, var och en cirka 12 tum lång.
f) Lägg alla 6 trådarna på en bräda sida vid sida, tryck ihop de 6 ändarna. Dela in i 2 grupper om 3 trådar och fläta. Ta strängen längst till vänster och placera den över de andra 2 och in i mitten. Fortsätt fläta tills degen är slut. Pressa ihop ändarna. Upprepa med det andra brödet.
g) För ett enklare alternativ, dela varje boll i 3 trådar och fläta. Placera den yttre remsan över den mitterstа, sedan under den tredje. Dra åt remsorna och fortsätt att fläta. Stick in ändarna och upprepa med de återstående 3 remsorna.

h) Använd en konditorivarningspensel och pensla challahen med det återstående ägget blandat med vatten och strö över sesam- eller vallmofrön.
i) Efter att du borstat brödet, doppa ditt andra finger i äggsköljet och dra in toppen av flätorna. Doppa fingret i fröna och tryck på det indragna området igen för en mer slående design.
j) Strö en plåt med majsmjöl och lägg bröden ovanpå. Täck med en plastduk och låt dem jäsa i 30 minuter på en varm plats.
k) Värm ugnen till 375°F (190°C). Grädda challahen i cirka 30 minuter eller tills den är gyllene.

90.Oljefri Challah

INGREDIENSER:

- 1½ dl vatten
- 2 ägg
- 1½ msk äppelmos
- 1½ tsk salt
- 3 matskedar honung
- 3 matskedar socker
- 5 dl vitt mjöl (eller vitt brödmjöl - utelämna gluten)
- 1½ msk vetegluten
- 3 tsk Jäst
- 5 droppar gul matfärgning (valfritt)
- ¾ kopp russin (valfritt)

INSTRUKTIONER:

a) Tillsätt ingredienserna till brödmaskinen (ABM) i den ordning som specificeras av modellen. Välj cykeln "DEG".
b) Under den andra knådningen, tillsätt ¾ kopp russin om så önskas.
c) När ABM är klar med degcykeln, ta ut degen och dela den i tre delar.
d) Täck varje del lätt med plastfolie (du kan spraya den lätt med PAM för att förhindra att den fastnar) och låt degen jäsa i en timme.
e) Kavla ut varje portion och fläta degen. Blöt ändarna lätt för att hjälpa dem att fästa och vik lätt under brödet för ett rundat utseende.
f) Lägg varje flätat bröd på en plåt som har sprayats lätt med PAM. Täck bröden med plastfolie och låt dem jäsa ytterligare en timme.
g) Värm ugnen till 350 grader Fahrenheit (175 grader Celsius).
h) Pensla varje bröd med ett uppvispat ägg (Äggvisp kan användas, och ett par teskedar räcker).
i) Grädda i den förvärmda ugnen i 25-30 minuter eller tills de är gyllene.

91.Russin Challah

INGREDIENSER:
- 4 koppar varmt vatten
- 2 msk torrjäst
- 4 ägg
- ½ kopp olja
- ½ kopp honung
- 2 koppar russin
- 14 till 15 koppar mjöl
- 1 matsked Grovt Salt

Glasyr:
- 1 ägg, uppvispat
- Vallmofrön

INSTRUKTIONER:
a) Häll varmt vatten i en stor blandningsskål. Rör ner jäst, ägg, olja, honung och russin. Blanda väl och tillsätt ungefär hälften av mjölet. Låt blandningen vila i 45 minuter till 1 timme.
b) Tillsätt salt och det mesta av resterande mjöl. Blanda och knåda tills degen är mjuk. Låt degen jäsa igen i 1 timme, eller fortsätt utan en andra jäsning för en snabbare process.
c) Dela degen och forma den till limpor. Lägg de formade bröden i smorda formar och låt dem jäsa i 45 minuter till 1 timme.
d) Värm ugnen till 350°F (175°C).
e) För glasyr, vispa ett ägg och pensla det över toppen av bröden. Strö vallmofrön ovanpå.
f) Grädda i 45 minuter till 1 timme för bröd eller 30 minuter för rullar, eller tills de är gyllenbruna och låter ihåliga när du knackar på dem.

92. Mjuk Challah

INGREDIENSER:
- 1½ koppar mörka eller gula russin, fylliga
- 1¾ koppar varmt vatten
- 2 msk torrjäst
- 1 nypa socker
- ⅓ kopp socker
- ⅓ kopp ljus honung
- 3½ tsk salt
- ½ kopp olja
- 3 ägg
- 2 äggulor
- 6 till 7 koppar brödmjöl, ungefär
- 2 matskedar vatten
- 2 tsk socker
- 1 ägg
- 1 äggula

Äggtvätt:
- 1 ägg
- 1 äggula

INSTRUKTIONER:
a) I en stor mixerskål, rör ihop jästen, varmt vatten och en nypa socker. Låt stå i fem minuter så att jästen får svälla och lösas upp.
b) Rör snabbt ner resterande socker, honung och salt. Tillsätt sedan olja, ägg, gulor och cirka fem koppar mjöl. Rör om till en shaggy massa. Låt stå i 10-20 minuter så att mjölet drar in sig.
c) Knåda degen, antingen för hand eller med en degkrok, tillsätt resterande mjöl efter behov för att göra en mjuk och elastisk deg (ca 10-12 minuter). Degen ska lämna skålens sidor. Om den är kladdig, tillsätt små mängder mjöl tills degen är mjuk men inte längre fastnar.
d) Låt degen vila på ett lätt mjölat bord i tio minuter, platta till och tryck in de fylliga russinen så jämnt som möjligt i degen, vik degen över russinen för att "stoppa in" dem.
e) Lägg degen i en smord skål och täck den med smord plastfolie och en fuktig kökshandduk eller täck den med en fuktig kökshandduk och lägg hela skålen i en stor plastpåse. Låt

degen jäsa på ett dragfritt ställe tills den fördubblats och ser pösigt ut, allt från 45 till 90 minuter.

f) Om du gör en sval jäs över natten, lägg degen i en stor lätt smord skål och stoppa in denna i en stor plastpåse. Kyl över natten. Om degen jäser för snabbt, öppna påsen, töm degen och förslut den igen. Nästa dag, låt degen värmas upp, töm sedan försiktigt luften och fortsätt.

g) Dela degen i två. För "faigele" eller turbanformad nyårschallah, forma varje sektion till ett långt rep (ca 12-14 tum långt) som är tjockare i ena änden och rulla ihop det, börja med den tjockare änden först, stoppa in änden ovanpå att låsa." Alternativt, dela varje degsektion i tre rep, cirka 14 tum långa, och gör en traditionell challah-fläta.

h) Lägg på en majsmjölsdammad plåt. I en liten skål, vispa ihop ingredienserna till äggtvätt. Pensla limpan med äggtvätt och strö över sesamfrön.

i) Låt brödet jäsa tills det blir pösigt, cirka 20-30 minuter. Värm ugnen till 400 grader F.

j) Grädda brödet i 12 minuter, sänk sedan värmen till 350 grader F och grädda ytterligare 25 minuter eller tills brödet är jämnt brynt.

93.Surdegs Challah

INGREDIENSER:
- 1 dl surdegsförrätt (bör vara pareve om den serveras till kött)
- 1 kopp mycket varmt vatten
- 1 msk jäst eller 1 förpackning jäst
- 1 matsked honung
- 7 koppar brödmjöl (eller mer, höggluten med lite kornmjöl eller oblekt universalmjöl)
- 2 tsk salt
- 3 ägg
- ¼ kopp vegetabilisk olja (ca)
- 1 äggula blandad med 3 droppar vatten (mer eller mindre)
- Vallmofrön

INSTRUKTIONER:
a) Blanda surdegsstarten, vatten, jäst och honung. Låt det bubbla upp medan du går till nästa steg.
b) Blanda 4 koppar mjöl och salt i en stor skål.
c) Skapa en brunn i mitten av mjöl/saltblandningen och tillsätt ägg och olja.
d) Häll i den skummande jästblandningen och rör om med en tjockskaftad träslev eller skovel.
e) Tillsätt mjöl tills blandningen drar bort från skålen. Det behöver inte vara helt slätt.
f) Strö mjöl på en bänk eller knådbräda. Lägg degen i mitten, skrapa så mycket du kan från mixerskålen. Tvätta skålen för användning i ett senare steg.
g) Knåda brödet, tillsätt mjöl tills det blir slätt och elastiskt. Konsistensen ska kännas som en babys nakna rumpa när den klappas.
h) Lägg degen i den oljade mixerbunken. Täck den med vaxat papper och en kökshandduk och ställ den sedan på en varm plats att jäsa. Den är klar när du kan se dina fingermärken i degen efter att ha petat i den.
i) Vänd ut degen på bänken och tryck ner den för att få bort stora luftbubblor. Fläta den till två eller fyra bröd och lägg dem på oljade plåtar. Låt dem jäsa ytterligare en halvtimme.
j) Värm ugnen till 350°F (175°C). Glasera bröden med ägguleblandningen och strö rikligt över vallmofrön. Grädda i cirka en halvtimme, rotera plåtarna i ugnen. Bröden ska låta ihåliga när de dunsar. Låt dem svalna.

94.Nyårs Challah

INGREDIENSER:
- 1 kopp russin
- 1 kopp kokande vatten
- 1 kopp kallt vatten (för maskintillverkning, använd 100-105 graders vatten för konventionell metod)
- 1⅜ tsk salt
- 1 matsked socker
- 2 hela ägg
- 2 äggulor, vispade
- ¼ kopp honung
- ¼ kopp vegetabilisk olja
- 3 teskedar Instant- eller Rapid-Rise eller Quick-Rise jäst
- 3½ till 4 koppar allsidigt mjöl
- 1 tsk olja (för beläggning av kylskåp)
- 2 tsk majsmjöl
- 1 ägg
- 1 äggula
- 2 msk sesamfrön (om så önskas)

ÄGGTVÄTT:
- 1 ägg
- 1 äggula

INSTRUKTIONER:
a) Lägg russin i en medelstor skål och häll kokande vatten över dem. Låt dem fylla i 2 minuter. Häll av, torka av och låt dem svalna.

MASKININSTRUKTIONER
b) Häll kallt vatten, salt, socker, ägg, äggulor, honung, olja, jäst och 3 koppar mjöl i maskinens panna eller i den ordning som anges av tillverkaren.
c) Sätt på degläget eller programmet. Pudra i ytterligare mjöl när degen bildar en boll och verkar våt nog att ta till sig det återstående mjölet. Före den andra knådningen, tillsätt russin. De ska tillsättas när degen har formats, men med lite knådningstid kvar för att införliva dem.
d) Om din maskin inte tillåter detta, låt den slutföra sin degcykel. Ta upp den till en mjölad bräda och tryck bara in russinen. Fortsätt till anvisningarna för att forma bröd. Se not 2

e) Konventionella instruktioner I en stor skål, blanda ihop varmt vatten, salt, socker och honung. Strö över snabbjäst, snabbjäst eller snabbjäst. Vispa i ägg, gulor och vegetabilisk olja. Slå i 3 koppar mjöl. Om du använder en elektrisk mixer, fäst en degkrok och knåda med mixern eller för hand i 8-10 minuter tills degen är mjuk och elastisk, lämnar sidan av skålen. Om degen är kladdig, tillsätt små mängder mjöl tills degen är mjuk och inte längre fastnar.
f) Strö arbetsytan med den återstående ¼ koppen mjöl. Låt degen vila i 10 minuter på ytan. Knåda eller tryck in russin så jämnt som möjligt, vik degen över russin för att stoppa in dem. Täck degen med en fuktig ren handduk. Låt degen vila i 20 minuter. Eller, om du låter den jäsa klart över natten, lägg den i en stor, oljad plastpåse och ställ i kylen över natten. Om du ser brödet jäsa, öppna påsen, töm degen och förslut igen. Nästa dag, slå ner brödet och fortsätt enligt följande.
g) För att forma bröd: Arbeta på en plåt täckt med folie eller bakplåtspapper och strö över majsmjöl. För en traditionell fläta, dela degen i 3 15-tums långa stockar; för en krans, använd 3 18-tums stockar; för en turban, använd 2 18-tums stockar som är 20 % tjockare i ena änden än i den andra. För en fläta, fläta de 3 stockarna, nyp ihop ändarna och stoppa under. För en rund krans, fläta och forma den till en cirkel. Nyp ihop ändarna och stoppa in dem i varvet så att de inte syns. För turbaner, börja i den tjockare änden, rulla ihop brödet till en runda. I slutet, nyp spetsen och stoppa in under.
h) I en liten skål, blanda ihop ägget och äggulan för äggtvätt. Pensla brödet generöst med äggtvätt. Låt den jäsa i 30-40 minuter.
i) Pensla igen och strö över sesamfrön om så önskas.
j) Bakning: 15 minuter före gräddning, förvärm ugnen till 375°F (190°C). Grädda i 30-35 minuter tills skorpan fått fin färg och låter ihålig när du knackar på den.

95. Uppstoppad Challah

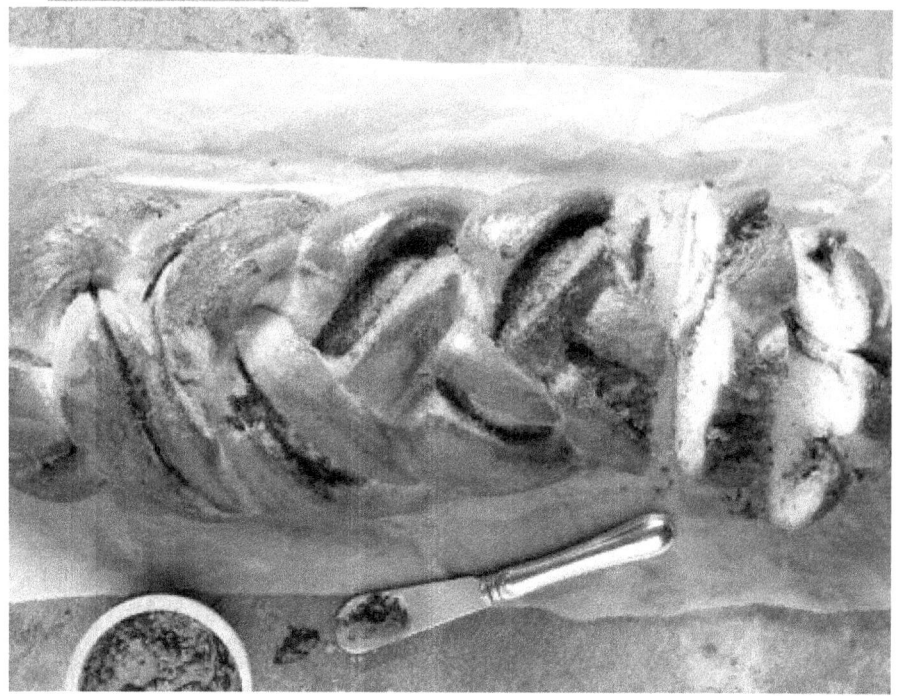

INGREDIENSER:
- Challah deg
- Tärnade äpplen
- Brunt socker
- Kanel
- Äggtvätt
- Kanel och socker att strö över

INSTRUKTIONER:
a) Förbered din challahdeg enligt ditt föredragna recept.
b) Platta till repen av deg och lägg en tunn rad tärnade äpplen som har sauterats i lite farinsocker och kanel. Se till att blandningen är väl dränerad så att den inte rinner ut under gräddningen.
c) Rulla upp varje rep, liknande en gelérulle, och försegla båda ändarna.
d) Fläta försiktigt repen.
e) Låt den flätade degen jäsa i cirka 45 minuter till en timme.
f) Förvärm din ugn.
g) Pensla den flätade degen med äggtvätt.
h) Strö över kanel och socker för extra smak.
i) Grädda enligt dina challah-receptanvisningar tills challahen är gyllenbrun och låter ihålig när den knackas.

96. Söta Challah

INGREDIENSER:

- ½ kopp plus ¼ tesked strösocker
- 2¼ koppar ljummet vatten
- 2 förpackningar Aktiv torkad jäst
- 10 koppar oblekt vitt brödmjöl, plus 1½ koppar till efter behov
- 1 msk grovt eller kosher salt
- 4 Jumboägg i rumstemperatur, vispade, plus 1 äggula
- ½ kopp jordnötsolja, plus mer för att smörja formar
- ½ kopp plus 1 tesked honung, uppdelad
- ½ kopp russin
- Vallmofrön

INSTRUKTIONER:

a) Lös upp ¼ tesked socker i ljummet vatten. Rör i jäst; ställ åt sidan på ett dragfritt ställe för provtagning (cirka 10 minuter).

b) Blanda samman 10 dl mjöl, salt och resterande ½ kopp socker i en skål för hand eller i en matberedare utrustad med ett degblad. Om du blandar för hand, gör en brunn i mitten av mjölblandningen.

c) Tillsätt 4 vispade ägg, ½ dl olja, ½ dl honung och den jästa jästblandningen i skålen eller matberedaren.

d) Blanda och knåda för hand eller med ett degblad i matberedaren, tillsätt ytterligare mjöl tills degen bildar en klibbig boll och dras bort från sidorna.

e) Lägg degen på ett mjölat bord; fortsätt att knåda för hand, tillsätt mjöl efter behov. Degen ska vara blåsig från knådning, kännas fuktig och lite klibbig men inte fastna på brädan eller fingrarna.

f) Lägg degen i en oljad skål; täck med en fuktig köksduk. Ställ åt sidan på en dragfri plats för att jäsa i 2½ till 3 timmar, tills den fördubblats i bulk.

g) Testa degen genom att trycka in den med fingret. Om den inte fjädrar tillbaka är den redo för sin andra knådning. Stansa ner degen och strö över russin. Knåda i russinen.

h) Lägg degen i en oljad form, täck med en fuktig trasa och låt den jäsa igen i 1 till 1½ timme tills den fördubblats i bulk.

i) Dela degen i 4 lika stora bitar. Dela var och en av de 4 delarna i 3 lika stora bitar. Rulla varje bit till ett rep som är minst 24 tum långt, med tunnare ändar.
j) Nyp ihop tre trådar i ena änden, fläta sedan ihop de tre trådarna. Linda flätan till en spole som börjar på toppen av spiralen.
k) Lägg bröden på plåtar eller grunda formar; täck med fuktiga köksdukar. Låt bröden jäsa i cirka 35 till 45 minuter, tills de är dubbelt så stora.
l) Gör en äggtvätt genom att kombinera äggula, återstående 1 tsk honung och 1 msk kallt vatten. Pensla äggtvätt över varje bröd. Strö över vallmofrön.
m) Grädda i en förvärmd 350 graders ugn i 35 till 45 minuter. Bröden är klara när de är gyllenbruna och låter ihåliga när de knackas på botten.
n) Kyl på galler innan servering.

97. Mycket smörig Challah

INGREDIENSER:
- 2½ sticks smör, smält
- 2 förpackningar Jäst
- 2 koppar varmt vatten
- 7 koppar Mjöl, oblekt
- 4 tsk salt
- 3 ägg, vispade
- ½ kopp socker
- 2 ägg, vispade
- Vallmofrön (valfritt)
- Sesamfrön (valfritt)

INSTRUKTIONER:
a) Lös upp jäst i varmt vatten.
b) Vispa 3 ägg i en stor skål. Tillsätt salt, socker, upplöst jäst och smält smör till äggblandningen.
c) Rör ner 4 koppar mjöl på en gång. Fortsätt att tillsätta ytterligare 3 koppar mjöl tills degen har en mjuk konsistens.
d) Knåda degen på mjölat bord tills den inte längre är kladdig och är spänstig vid beröring.
e) Lägg degen i en smord bunke och täck den med en handduk. Låt den jäsa i 1½ timme eller tills den fördubblats i bulk.
f) Stansa ner degen, knåda den lite och dela den i 6 bitar. Rulla varje bit med händerna för att bilda långa, smala rep.
g) Fläta 3 rep, nyp ihop ändarna. Upprepa processen med de andra 3 repen.
h) Lägg varje flätad limpa på sin egen smorda plåt, täck med en handduk och låt den jäsa i ungefär en timme eller tills den fördubblats i bulk.
i) Värm ugnen till 350°F.
j) Pensla bröden med de 2 vispade äggen och strö över vallmofrön eller sesamfrön om så önskas.
k) Grädda i den förvärmda ugnen i ca 45 minuter eller tills brödet är gyllenbrunt.

98. Vatten Challah

INGREDIENSER:
- 2 förpackningar Jäst
- 1 tsk socker
- 2¼ koppar varmt vatten
- 8 till 9 koppar siktat mjöl
- 1/3 till 1/2 kopp socker
- 1/3 kopp olja
- 1 matsked plus 1 tesked salt
- 2 tsk vinäger

INSTRUKTIONER:
a) Lös upp jäst och en tesked socker i ½ kopp varmt vatten. Låt stå i 5 minuter tills det bubblar.
b) I en mixerskål, kombinera 4 koppar mjöl, jästblandningen och de återstående ingredienserna. Vispa i ca 3 minuter.
c) Slå i resterande mjöl, 1 kopp i taget, knåda i den sista koppen för hand eller med en brödkrok i ca 10 minuter. Se till att degen är väl knådad för en jämn konsistens.
d) Lägg degen i en smord skål, vänd på den, täck över och låt den jäsa på en varm plats tills den fördubblats, cirka 1½ till 2 timmar.
e) Stansa ner degen och fläta den till 3 challah. Du kan dela degen för att göra mindre challah om så önskas.
f) Täck de flätade challorna med en fuktig trasa och låt dem jäsa tills de fördubblats, ca 1 timme. Håll ett öga på dem när du närmar dig slutet av stigtiden.
g) Glasera challorna med uppvispat ägg och strö över frön om så önskas (valfritt).
h) Grädda i en förvärmd 345°F ugn i 45 minuter. Challorna görs när de gör ett ihåligt ljud när de knackas på botten.

99. Choklad Swirl Challah

INGREDIENSER:

- 4 koppar universalmjöl
- 1/2 kopp socker
- 1 tsk salt
- 1 paket aktiv torrjäst (ca 2 1/4 teskedar)
- 1 kopp varmt vatten (110°F/43°C)
- 1/4 kopp vegetabilisk olja
- 2 stora ägg
- 1/2 kopp kakaopulver
- 1/2 kopp chokladchips (halvsöt)

INSTRUKTIONER:

a) Blanda det varma vattnet, sockret och jästen i en stor skål. Låt det stå i 5-10 minuter tills det blir skummande.
b) Tillsätt oljan och äggen till jästblandningen, rör om väl.
c) I en separat skål, kombinera mjöl och salt. Tillsätt gradvis denna blandning till de våta ingredienserna, rör hela tiden tills en deg bildas.
d) Dela degen i två delar. I en portion, knåda i kakaopulvret tills det är helt införlivat.
e) Lägg båda degen i separata smorda skålar, täck över dem och låt dem jäsa i cirka 1-1,5 timme, eller tills de har dubbelt så stora.
f) Värm ugnen till 350°F (175°C).
g) Kavla ut varje degdel till en rektangel. Lägg chokladdegen ovanpå den vanliga degen och strö chokladflis jämnt över.
h) Rulla degen hårt till en stock och fläta sedan som du skulle göra med en traditionell challah.
i) Lägg det flätade brödet på en bakplåtspappersklädd plåt. Låt den jäsa i ytterligare 30 minuter.
j) Grädda i 25-30 minuter eller tills challahen är gyllenbrun. Låt den svalna innan du skär upp den.

100.Salta ört och ost Challah

INGREDIENSER:
- 4 dl brödmjöl
- 1 matsked socker
- 1 tsk salt
- 1 paket aktiv torrjäst (ca 2 1/4 teskedar)
- 1 kopp varmt vatten (110°F/43°C)
- 1/4 kopp olivolja
- 2 stora ägg
- 1 dl riven parmesanost eller pecorino
- 2 matskedar färska örter (som rosmarin, timjan och oregano), finhackad

INSTRUKTIONER:
a) Blanda det varma vattnet, sockret och jästen i en stor skål. Låt det stå i 5-10 minuter tills det blir skummande.
b) Tillsätt oljan och äggen i jästblandningen, rör om väl.
c) I en separat skål, kombinera mjöl och salt. Tillsätt gradvis denna blandning till de våta ingredienserna, rör hela tiden tills en deg bildas.
d) Dela degen i två delar. I en portion, knåda i kakaopulvret tills det är helt införlivat.
e) Tillsätt riven ost och hackade örter i degen, knåda tills de är väl blandade.
f) Värm ugnen till 350°F (175°C).
g) Kavla ut varje degdel till en rektangel. Lägg chokladdegen ovanpå den vanliga degen och strö chokladflis jämnt över.
h) Rulla degen hårt till en stock och fläta sedan som du skulle göra med en traditionell challah.
i) Lägg det flätade brödet på en bakplåtspappersklädd plåt. Låt den jäsa i ytterligare 30 minuter.
j) Grädda i 25-30 minuter eller tills challahen är gyllenbrun. Låt den svalna innan du skär upp den.

SLUTSATS

När vi avslutar vår utforskning genom "DEN ULTIMATA BRIOCHE HANDBOKEN", hoppas vi att du har anammat konsten att baka perfekt brioche varje gång. Varje recept på dessa sidor är ett bevis på glädjen, precisionen och skickligheten som definierar briochevärlden. Oavsett om du har förundrats över de läckra lagren av en brioche med kanel eller njutit av enkelheten hos en klassisk briocherulle, litar vi på att den här handboken har gett dig möjlighet att skapa briocher av bagerikvalitet i bekvämligheten av ditt eget kök.

Utöver ingredienserna och teknikerna, må tillfredsställelsen av att dra en gyllene, doftande brioche från din ugn bli en källa till stolthet och glädje. När du fortsätter att finslipa dina bakkunskaper, kan "DEN ULTIMATA BRIOCHE HANDBOKEN" bli din bästa resurs för läckra varianter, innovativa vändningar och det tidlösa nöjet att dela nybakade briocher med vänner och familj.

Här är till konsten att baka brioche, till magin med perfekt laminerad deg och till de otaliga stunder av glädje som väntar dig på din kulinariska resa. Må ditt kök fyllas med den söta doften av framgång när du behärskar konsten att baka perfekt brioche varje gång!

www.ingramcontent.com/pod-product-compliance
Lightning Source LLC
Chambersburg PA
CBHW071314110526
44591CB00010B/883